经济管理学术文库·管理类

领导情绪智力对
员工工作投入的影响机制研究

Research on Impact Mechanisms of Leaders' Emotional
Intelligence on Employee Work Engagement

贾明媚　张兰霞／著

经济管理出版社
ECONOMY & MANAGEMENT PUBLISHING HOUSE

图书在版编目（CIP）数据

领导情绪智力对员工工作投入的影响机制研究 ／ 贾
明媚，张兰霞著. -- 北京：经济管理出版社，2024.
ISBN 978-7-5243-0036-6

Ⅰ．F272.92

中国国家版本馆 CIP 数据核字第 20249YC627 号

组稿编辑：张巧梅
责任编辑：张巧梅
责任印制：许　艳
责任校对：王纪慧

出版发行：经济管理出版社
　　　　　（北京市海淀区北蜂窝 8 号中雅大厦 A 座 11 层　100038）
网　　址：www. E-mp. com. cn
电　　话：(010) 51915602
印　　刷：北京晨旭印刷厂
经　　销：新华书店
开　　本：720mm×1000mm/16
印　　张：11. 75
字　　数：178 千字
版　　次：2024 年 12 月第 1 版　　2024 年 12 月第 1 次印刷
书　　号：ISBN 978-7-5243-0036-6
定　　价：88. 00 元

前　言

当前，国内与国际均处于大变革、大调整时期，经济全球化逆流，组织的生存与发展面临着前所未有的严峻挑战。员工是组织最具创造潜能的人力资源，能否有效地激活与促进他们的主观能动性，使其全身心地投入到工作中，是组织突破危机获取竞争优势的关键。然而调查显示，目前大多数员工的工作投入水平并不高，已经影响到了组织绩效。因此，如何有效提升员工工作投入已成为社会各界关注的重点问题之一。

学者们在研究员工工作投入的影响因素时，对员工有重要影响的领导者受到的关注较多，并积累了一定的研究成果，但仔细梳理这些文献不难发现，现有研究成果主要关注的是不同领导风格与员工工作投入的关系，而忽略了领导者的其他特征可能发挥的作用。基于此，本书将领导情绪智力纳入员工工作投入研究之中。工作投入是一种带有情感属性的工作状态，而情绪智力是与情绪、情感相关的能力，因此，领导情绪智力极有可能对员工工作投入有独特的解释力。那么，领导情绪智力是否对员工工作投入产生影响？影响机制是怎样的？在不同边界条件下有何变化？对于这些问题，已有研究没能提供满意的答案。

为了回答上述问题，本书遵循通过质性研究构建理论、实证研究检验理论的研究范式，深入探讨领导情绪智力对员工工作投入的影响机制，具体包括以下四项子研究：

研究一：领导情绪智力对员工工作投入影响机制的探索性研究。基于建构主义扎根理论，采用质性研究方法，以 22 名企业员工为研究对象，就领导情绪智力对员工工作投入的影响机制进行了探索性研究。研究发现，领导情绪智力通过减少资源消耗和增加资源供给两种机制促进员工工作投入。减少资源消耗机制是通过优化员工的情绪劳动策略，即减少员工浅层扮演、增加深层扮演和真实表达，使员工较少地遭受浅层扮演的损耗，更多地享受深层扮演和真实表达的益处，从而使员工维持高水平的工作投入。增加资源供给机制是指提升领导—成员交换和团队—成员交换质量，通过高质量纵向关系和横向关系资源的供给促进员工工作投入。

研究二：领导情绪智力影响员工工作投入的减少资源消耗机制研究。以工作要求—资源模型为主要理论基础，对领导情绪智力影响员工工作投入的减少资源消耗机制进行详细的理论分析，提出研究假设，并基于 106 个团队的 458 份三时点问卷调查数据进行了实证检验。研究发现：领导情绪智力对员工工作投入具有直接正向影响；领导情绪智力通过减少员工浅层扮演、增加真实表达促进员工工作投入；此外，还考察了职业使命感对这一机制的调节作用，发现对于职业使命感较低的员工，领导情绪智力通过减少员工浅层扮演从而促进员工工作投入的间接效应更强，表现为被调节的中介作用。

研究三：领导情绪智力影响员工工作投入的增加资源供给机制研究。以工作要求—资源模型为主要理论基础，对领导情绪智力影响员工工作投入的增加资源供给机制进行详细的理论分析，提出研究假设，并基于 106 个团队的 458 份三时点问卷调查数据进行了实证检验。研究结果表明：领导情绪智力通过提升领导—成员交换和团队—成员交换质量促进员工工作投入，且二者的中介效应无显著差异；此外，还考察了任务互依性对这一过程的调节作用，发现团队成员互依性对领导情绪智力通过提升团队—成员交换质量从而促进员工工作投入的间接效应具有强化作用。

研究四：领导情绪智力影响员工工作投入的减少资源消耗机制和增加资源供给机制的比较研究。将两种机制纳入同一框架进行考察，探究两种机制能否共同发挥作用，并对两种机制的效应进行比较，以识别出主导机制。基于106个团队的458份三时点问卷调查数据的实证研究结果显示：减少资源消耗和增加资源供给机制共同发挥作用，其中减少资源消耗机制发挥主导作用，增加资源供给机制发挥次要作用，领导情绪智力可同时通过减少员工浅层扮演、增加真实表达以及提升领导—成员交换质量两种机制来促进员工工作投入；在领导者资源有限时，应优先致力于减少员工资源消耗。

基于以上研究，本书提出了指导企业管理实践的建议：为了提升员工工作投入水平，企业一方面应重视为员工提供充足的工作资源，另一方面也要及时识别并减少、消除容易引起员工大量资源损失的不合理因素，应开展领导情绪智力培训和发展项目。企业管理者应充分利用情绪智力为员工创造更多真实表达的机会，减少员工的浅层扮演行为；同时注意提升与团队成员的交换质量和团队成员间的交换质量，从而使员工拥有足够的资源维持高水平的工作投入。

本书由本人及博士导师张兰霞教授共同撰写，其中本人撰写12万字，本书的出版获得河北经贸大学学术著作出版基金的资助。

目　录

第1章　引言

1.1　研究背景与问题的提出

1.1.1　现实背景

当前，国内与国际均处于大变革、大调整时期，经济全球化逆流，企业所处经营环境变得更加复杂、多变和不确定，其生存与发展面临着前所未有的严峻挑战。员工是企业最具创造潜能的人力资源，能否有效地激活与促进员工的主观能动性，使其全身心地投入到工作中，是企业突破危机、获取竞争优势的关键。工作投入是一种高能量的心理状态[1]，体现着个体对所做工作重要性的认知及其对工作的认同和投入程度[2]，高水平的工作投入对员工个体和组织而言都大有裨益。对员工而言，高水平的工作投入能够有效提高幸福感、工作满意度[3]和工作绩效[4]，帮助员工在职业生涯中实现个人成长[5]。对企业而言，员工高水平的工作投入意味着更高的组织承诺、更高的角色内绩效和角色外绩效、更低的缺勤率和离职意向[6]，对企业目标和绩效的实现具有重要影响[7]。美国知名民调机构盖洛普 Gallup 的调查结果显示，员工工作投入水平较高的公司业绩比员工工作投入水平较低的公司高出 202%[8]。因此，员工高水平的工作投入是当前环境下企业所强烈渴求的。

然而，当前员工工作投入的实际水平与企业对员工高水平的工作投入的强烈渴求是背道而驰的。Gallup 调查了全球 160 多个国家和地区的 128000 多名在职员工，据此发布的《2024 年全球职场状况报告》显示，2023 年全球工作投入水平停滞不前，低水平工作投入导致全球 GDP 损失 8.9 万亿美元，占全球 GDP 的 9%。全球范围内工作投入（Engaged）的员工比例只有 23%，工作不投入（Not Engaged）的员工高达 62%，而剩余 15% 的员工则消极怠工（Actively Disengaged）[9]，由此可见提升员工工作投入水平仍任重道远。尤其是随着经营环境的不确定性与复杂性日益增加[10]，企业亟须依靠员工发挥自身能动性来及时对环境变化做出迅速反应[11]。如何有效激活与提升员工的主观能动性，提升员工工作投入水平已成为当前企业管理实践中亟待解决的重要难题之一。

激发员工高水平的工作投入是领导者的重要职能之一[12]。随着团队管理模式的盛行，如何激发团队成员的工作积极性、提升团队成员的工作投入水平，便自然而然成为了团队领导者面临的重要问题。正是基于这一现实背景，本书将研究重点放在团队领导者如何提升团队成员的工作投入水平这一重要议题上。

1.1.2 理论背景

在逐渐兴起的积极组织行为学领域，工作投入近年来得到了管理理论界越来越多的关注。大量的实证研究和元分析结果表明，工作投入对个体工作具有促进作用[4]，对企业的长期发展具有不可小觑的推动作用[13]，因此，如何促进员工工作投入，即工作投入的前因变量研究得到了学者的广泛重视。

梳理当前工作投入的前因变量研究可以发现，工作投入的影响因素可以归纳为 3 类：个体因素（人格特质、个体情感倾向等）、工作相关因素（任务挑战性、领导风格、组织支持、组织价值观等）和家庭相关因素（工作家庭平衡、家庭动机等）[14]。其中，领导者是工作相关因素中备受关注的一个因素。根据 Gallup 的研究，领导者因素能够解释团队成员工作投入水平至少70%的差异[15]。领导者作为企业资源和权力的实际掌握者，是影响员工如何看待自身工作的关键因素，其所表现出的不同领导风格会导致员工不同的工作态度与行为[12]，因此，学者们对不同领导风格对员工工作投入的影响进行了广泛的研究，这些领导风格包括变革型领导[16]、悖论型领导[17]、包容型领导[12]、谦卑型领导[18]、自我牺牲型领导[8]、精神型领导[19] 等。然而，这种考察单一领导风格与员工工作投入关系的研究取向存在着一定的局限性。首先，优秀的领导者在思想和行为上具有复杂性，会根据与不同互动对象的不同互动情境，采取差异化的行为策略，因此往往会展现出多种不同的领导风格[20]。尤其是在当前复杂多变的内外部环境下，领导的行为方式更加趋于灵活。因此，从理论上割裂地分析不同领导风格与员工工作投入的关系，并进行"理想化"研究，可能会造成理论研究与企业实际状况的背离，不利于指导企业具体实践[21]。其次，虽然领导风格对员工工作投入有着不容小觑的影响，但是领导风格并非领导者的全部，领导者的其他特征，如能力、特质、心理等方面的特征对员工工作投入的影响也不应被忽视。只有从多种角度考察领导者的不同特征对员工工作投入的影响，才能挖掘出更多提升员工工作投入水平的有效途径。我国当前员工工作投入水平不高的实际状况，也在一定程度上证明了当前这种研究取向遇到了解释力不足的困境。

　　基于此，本书试图从领导者特征入手，探究领导情绪智力对员工工作投入的影响机制，以弥补领导风格对员工工作投入解释力的不足。情绪智力又称为情商，自1990年提出后便成为管理理论界和实践领域都备受关注的热点问题，领导者的情绪智力在工作场所的价值受到越来越多的关注和肯定。领导是一个社会影响的过程，情绪互动是领导过程中必不可少的要素[22]，领导行为的本质就是影响人的情绪[23]。《哈佛商业评论》的一项管理实践案例研究也提出，领导者的最根本任务就是以情商进行领导[24]。因此，情绪智力在领导过程中扮演着重要角色[25]。大量的研究发现，领导情绪智力与领导有效性密切相关[26]，对下属的组织公民行为、满意度、任务绩效和组织承诺等员工态度、行为和工作绩效都有重要影响[27]。本书之所以提出领导情绪智力对员工工作投入具有独特的价值，主要基于以下三点原因：一是相对于灵活多变的领导风格，领导情绪智力更加稳定，高情绪智力是杰出领导者的一个关键共性[28]；二是情绪智力是领导者监控自己及他人的情绪和情感并识别、利用这些信息指导自己的思想和行为的能力[29]，而工作投入作为个体积极情感与高强动机在工作中的完美融合[30]，本身也带有一种情感属性，因此，领导情绪智力极有可能是员工工作投入的重要前置因素；三是我国处于集体主义和关系取向的文化情境，而情绪智力与社会交往、人际关系息息相关、密不可分，因此，领导情绪智力或许对员工工作投入有独特的解释力。然而目前领导情绪智力对员工工作投入的影响效果和作用机制尚不明晰，均有待揭示。

此外，已有研究大多是在"领导—员工"二元关系层面上，探讨领导情绪智力对员工态度和行为的影响，这与当前团队工作方式的盛行的企业管理实践相脱节。随着团队工作方式的盛行，领导者的作用越来越多地被放到团队层面进行考量，所得研究成果更有利于指导企业实践。因此本书也将关注团队领导者如何利用其情绪智力提升团队成员的工作投入水平。

综上所述，本书拟采用跨层次研究方法，探究我国文化情境下团队领导者的情绪智力对团队成员工作投入的影响，必将具有一定的理论和实际意义。

1.1.3　问题的提出

首先，工作投入是一种积极情感和高强动机完美融合的工作状态，而情绪智力是领导者监控自己及他人的情绪和情感并识别、利用这些信息指导自己的思想和行为的能力。高情绪智力的领导者通常在工作场所展示更多的积极情绪，根据情绪感染理论，领导者的积极情绪往往能够感染到员工[31]。同时，高情绪智力的领导者通常会主动承担起团队中情绪管理者的角色，善于及时识别、调节员工消极情绪，这种行为能够激起员工努力投入工作、回报领导者的动机。基于工作投入在情绪、情感和动机方面的特征，以及领导情绪智力对员工情绪、情感和动机的作用，本书提出以下研究问题：团队领导者的情绪智力是否影响员工工作投入？影响效果如何？

其次，如果领导情绪智力的确能够影响员工工作投入，那么领导情绪智力通过何种作用机制影响员工工作投入呢？工作要求—资源模型为本书提供了重要的理论线索，可能是揭示领导情绪智力与员工工作投入之间作用机制的理论突破口之一。工作要求—资源模型是组织行为领域广泛应用的较为成熟的理论模型之一，对个体态度和行为有着广泛的预测范围和较强的解释力，该模型也是工作投入领域应用最广泛的理论框架。根据该模型，工作要求和工作资源会在工作中引发两个潜在的心理过程：工作要求会引发资源损耗过程，从而对个体产生消极影响；而工作资源会引发动机激发过程，从而对个体产生积极影响[32]。工作要求—资源模型领域的最新研究又发现，领导者能够对员工的工作要求和工作资源状况施加影响，进而对员工产生间接影响。这一新的观点启发本书研究从两种视角思考领导情绪智力对员工工作投入的影响机制。一方面，高情绪智力的领导者或许能够通过减少工作要求引起的资源消耗，即帮助员工减少损失，从而影响员工工作投入水平，这一视角可以称为减少资源消耗视角或止损视角；另一方面，高情绪智力的领导者或许能够通过为员工增加更多资源，从而影响员工工作投入，这一视角可以称为增加资源供给视角或增益视角。基于此，本书提出以下研究问题：领导情绪智力能否通过减少资源消耗机制和增加资源供给机制影响员工工作投入？具体来说，领导情绪智力能否影响员工的工作要求和工作资源？通过对哪些关键工作要求和工作资源的影响作用于员工工作投入？这一过程是否存在边界条件？其规律如何？

最后，领导者拥有的个体资源和掌握的工作资源是有限的，在当前复杂的经营环境下，管理手段必须直指对员工影响最大、作用最直接的管理目标。如果领导情绪智力的确能够通过减少资源消耗机制和增加资源供给机制影响员工工作投入，那么在领导者资源有限时，应该优先致力于为员工止损还是为员工增益呢？基于此，本书提出以下研究问题：减少资源消耗机制和增加资源供给机制能否同时发挥作用？两种机制发挥的作用是不分伯仲还是大相径庭？如果是大相径庭，哪种机制发挥主导作用？

通过对上述逻辑中逐渐递进的三个问题的深入探究，本书对于深入认识和理解领导情绪智力在影响员工工作投入过程中的独特价值有重要意义，同时也能够为领导者如何利用情绪智力有效提升员工工作投入，从而帮助企业在当前复杂的经营环境下突破危机、获取竞争优势提供更具有针对性和可操作性的实践管理启示。

1.2　研究目的与研究意义

1.2.1　研究目的

一个完整的理论构建范式由两个相互衔接的阶段构成：一是理论构建阶段，该阶段的目标在于提出理论命题和模型，主要采用质性研究方法，质性研究方法有助于深入探索一个复杂的现象，对情境化问题进行深描，能够对深层结构、机理进行洞察、诠释和建构；二是理论验证阶段，该阶段的目标是对理论命题或模型进行检验，且主要采用实证研究方法，因为实证研究方法能够检验理论的可靠性和普适性[33]。本书为了探讨我国企业实践中领导者如何利用情绪智力提升员工工作投入水平，严格遵循通过质性研究构建理论、实证研究检验理论的研究范式开展研究工作。首先进行探索性的质性研究，采用建构主义扎根理论研究方法，通过"扎根于我国企业中的团队成员的故事"，甄别领导情绪智力对员工工作投入的影响机制，提出理论命题和理论模型；其次采用实证研究方法加以验证，从而构建符合我国企业实践的领导情绪智力对员工工作投入的影响机制模型，弥补现有理论研究的不足，为企业有效提高员工工作投入水平提供有价值的理论参考。具体而言，本书的目的体现在：

（1）采用质性研究方法初步构建领导情绪智力对员工工作投入的影响机制模型。根据建构主义扎根理论研究方法的相关要求和步骤，深入企业实践，对企业员工进行半结构化访谈以收集研究的一手资料，并进行系统的分析与挖掘，捕捉工作要求和工作资源中受领导情绪智力影响，同时又对员工工作投入产生重要影响的关键要素，初步构建领导情绪智力影响员工工作投入的减少资源消耗机制和增加资源供给机制，提出初步的理论命题，形成领导情绪智力对员工工作投入的影响机制模型。

（2）采用实证研究方法对质性研究中构建的领导情绪智力影响员工工作投入的减少资源消耗机制模型和增加资源供给机制模型进行验证。以工作要求—工作资源理论为基础，分别对减少资源消耗机制和增加资源供给机制进行系统的理论分析，将初始的理论命题转化为可检验的研究假设，采用问卷调查的方式收集数据，以及采用实证研究方法对假设进行检验，从而验证领导情绪智力影响员工工作投入的减少资源消耗机制和资源供给机制的可靠性和普适性。

（3）将领导情绪智力影响员工工作投入的减少资源消耗机制和增加资源供给机制进行比较，识别出主导机制。将减少资源消耗机制和增加资源供给机制同时纳入研究框架，考察两种机制能否同时发挥作用，并对两种机制发挥的效应进行比较，识别出发挥主导作用的机制。

1.2.2 研究意义

本书在理论与实践上均具有重要的意义。其中,理论意义主要体现在:

(1) 采用质性研究与实证研究相结合的方法,探讨领导情绪智力对员工工作投入的影响机制,可以弥补使用单一研究方法的不足,构建出更加符合我国企业实践的领导情绪智力对员工工作投入的影响机制模型。以往关于领导情绪智力和员工工作投入的研究大多以单一的实证研究为主,虽然也能得出有价值的结论,但却不一定契合企业实践,对企业实践的指导作用有限。近年来,越来越多的学者开始呼吁我国的管理研究应回归实践,直面我国企业管理的实际情况,到我国企业实践中去挖掘真相,探寻其中的规律,创建适合我国管理现状的理论,从而对我国企业的管理实践活动起到更大的指导作用[33]。本书回应这一呼吁,首先采用建构主义扎根理论的方法,深入到企业实践中去,挖掘我国企业中员工最为在意且受到领导情绪智力较大影响的工作要求和工作资源中的关键因素,初步构建领导情绪智力对员工工作投入的影响机制模型;其次采用实证研究方法对理论模型进行验证,最终构建出符合我国企业实践的领导情绪智力对员工工作投入的影响机制模型。

(2) 探究领导情绪智力对员工工作投入的跨层次影响,能够弥补现有研究中关于领导情绪智力与员工工作投入的研究缺口,既是对员工工作投入前因变量研究视角的丰富,也是对领导情绪智力的有效性范围的拓展。传统的考察单一领导风格与员工工作投入关系的研究取向存在一定的局限性。优秀的领导者在思想和行为上具有复杂性,会根据与不同互动对象的不同互动情境,采取差异化的行为策略,因此往往会展现出多种不同的领导风格。因此,从理论上割裂地分析不同领导风格与员工工作投入的关系,进行"理想化"研究,可能会造成理论研究与企业实际状况的背离,这不利于指导企业的管理实践。本书跳出现有研究机制,提出领导情绪智力能够弥补单一领导风格对员工工作投入解释力的不足。领导情绪智力相对于灵活多变的行为风格来说更加稳定,是影响员工工作态度与行为的重要因素。因此，本书提出并验证领导情绪智力对员工工作投入的积极作用，能够在一定程度上丰富员工工作投入前因的研究，同时也是对领导情绪智力有效性范围的有益拓展。本书也在此呼吁国内学者对领导情绪智力给予更多的重视。在我国关系取向的文化情境下，与人际关系息息相关的情绪智力或许能成为领导者的一把"利剑"，然而这把"利剑"如何更好地发挥作用，理论界和实践界还知之甚少。尤其在当前国内、国际大变革、大调整的新形势下，能够使领导者情绪互联、灵活转变的情绪智力会发挥更突出的作用。因此，在我国文化背景下探索领导情绪智力与更多个体、团队和组织结果的关系，具有重要意义。此外，领导情绪智力具有多层次属性，而已有研究主要在同层次内探讨领导情绪智力对个体、团队和组织的影响，较少关注领导情绪智力的跨层次影响，不利于深入、系统地了解领导情绪智力的作用，本书能够在一定程度上丰富领导情绪智力的跨层次研究。

（3）构建并验证领导情绪智力对员工工作投入的影响机制模型，揭开领导情绪智力对员工工作投入的作用机制"黑箱"，并以工作要求—资源模型为主要理论基础对领导情绪智力对员工工作投入的影响给出理论解释，从止损和增益两种视角对领导情绪智力对员工工作投入的影响机制进行相对全面、系统的剖析。以往研究考察领导情绪智力的影响时，主要是基于增益视角，即关注领导情绪智力能够为个体、团队或组织增加哪些直接的益处，如强化领导—成员交换关系、增强员工组织认同和组织承诺、提升下属信任、营造公平氛围、提升团队凝聚力等，通过增加这些益处对个体、团队或组织产生积极效应。而极少有研究从止损的视角出发，考察领导情绪智力是否能够通过减少或消除组织中那些能够引起损失、消耗的行为或现象，从而缓解其对个体、团队或组织的消极效应。对止损视角的忽略可能导致很多有价值的影响机制无法被识别。本书强调止损视角的重要性，提出高情绪智力的领导者能够通过"止损"＋"增益"的共同效应，达到提升员工工作投入水平的效果，并基于工作要求—资源模型对止损和增益两种视角进行整合，构建并验证领导情绪智力影响员工工作投入的减少资源消耗机制和增加资源供给机制，能够为深入考察领导情绪智力的影响提供新的思路和更广阔的视野。

（4）为工作要求—资源模型的丰富与发展提供支持和新的思路。Bakker 和 Demerouti[32] 在讨论工作要求—资源模型的未来发展方向时，不再仅仅"向后看"，即关注工作要求与工作资源对个体的影响，还开始"向前看"，即开始关注工作要求与工作资源的前置影响因素。目前，相关学者正尝试将领导者纳入工作要求—资源模型的研究框架，认为领导者能够塑造员工的工作特征（工作要求与工作资源状况），进而间接对个体产生影响，呼吁学者展开领导者对员工工作特征的影响研究。本书探讨领导情绪智力对员工工作要求和工作资源状况的影响，进而间接促进员工工作投入水平的提升，能够在一定程度上支持 Bakker 和 Demerouti[32] 的初步假设，为工作要求—资源模型未来的丰富与发展提供证据支持。

本书的现实意义主要体现在：

（1）通过探讨领导情绪智力对员工工作投入的影响，为我国企业提升员工工作投入水平提供新的思路。领导者的情绪智力对于促进员工工作投入大有裨益，尤其是在企业内外部环境越来越复杂多变的今天，情绪智力已成为领导者越来越不可或缺的一项核心能力，企业和领导者都应给予高度重视。企业在招聘和选拔管理者时，除了考察专业技能和传统的管理技巧，还应将情绪智力纳入考核范围，选拔"才""情"兼备的领导者。同时，情绪智力作为个体处理情绪信息的能力，是可以进行后天培养和开发的，因此企业应重视开展领导情绪智力培训和发展项目，增强领导者的情绪管理意识，帮助领导者深化对情绪智力的内涵与作用的认识、了解其情绪智力对员工和团队的潜在影响，提升领导者的情绪识别、情绪调节、情绪运用、社交技巧等各项情绪智力，指导他们如何通过运用情绪智力提升领导效能。

（2）通过构建领导情绪智力影响员工工作投入的减少资源消耗机制和增加资源供给机制，帮助致力于提升员工工作投入水平的企业管理者明晰着力点，提供实用、可操作的途径与方法。企业管理者一方面应注重利用高情绪智力为团队成员增加工作资源的供给，达到对员工工作投入的增益效果；另一方面还应注意利用高情绪智力减少或消除组织中那些能够引起员工资源的大量损失、消耗的不合理行为或现象，从而缓解其对员工工作投入的消极效应。如此双管齐下，通过止损和增益作用的叠加，可以更有效地促进员工工作投入水平的提高。

（3）通过对减少资源消耗机制和增加资源供给机制的比较，为企业和管理者明确两种机制中更高效的机制，使企业和管理者在资源有限、不足以同时兼顾止损和增益效应时，能够做出最优选择，从而更有效地促进员工工作投入。虽然本书提供了两种提升员工工作投入水平的机制，然而在企业实践中，企业拥有的资源往往是有限的，企业管理者掌控的工作资源和拥有的个体资源也是有限的，企业和管理者或许并不能总是同时兼顾，通过对两种机制进行比较，识别出主导机制，能够使企业和管理者明确在资源不足时应优先致力于为员工减少资源消耗还是为员工增加资源供给。

1.3 研究内容与技术路线

1.3.1 主要研究内容

（1）领导情绪智力对员工工作投入影响机制的探索性研究。采用质性研究方法，基于建构主义扎根理论，就领导情绪智力对员工工作投入的影响机制进行探索性研究。具体来说，在对相关文献的梳理总结和仔细分析的基础上形成初步的理论构想，然后深入企业实践，对 22 名企业员工进行半结构化访谈，采用建构主义扎根理论方法对访谈资料进行分析，通过初始编码、聚焦编码和理论编码，提出初始理论命题，初步构建出领导情绪智力对员工工作投入的影响机制模型。经过探索性研究，本书发现领导情绪智力通过两种机制影响员工工作投入，一种机制为减少资源消耗机制，领导情绪智力通过优化员工的情绪劳动策略，即减少员工的浅层扮演、增加员工的深层扮演和真实表达，使员工较少地遭受浅层扮演的损耗，更多地享受深层扮演和真实表达的益处，从而使员工维持高水平的工作投入。另一种机制为增加资源供给机制，领导情绪智力能够提升领导—成员交换和团队—成员交换质量，通过这种纵向关系和横向关系资源的供给促进员工工作投入。探索性研究发现了可以从止损和增益两种视角探讨领导情绪智力对员工工作投入的影响，是本书的重要发现。

（2）领导情绪智力影响员工工作投入的减少资源消耗机制研究。以工作要求—资源模型、资源保存理论和情绪感染理论为基础，对探索性研究中识别出的领导情绪智力影响员工工作投入的减少资源消耗机制进行详细的理论分析，将初始理论命题转化为可检验的研究假设，通过问卷调查获取数据，采用实证研究方法对假设进行检验。基于106个团队的458份三时点问卷调查数据的实证研究结果表明：领导情绪智力对员工工作投入具有显著正向影响；领导情绪智力通过情绪劳动策略中的浅层扮演和真实表达的中介作用影响员工工作投入。此外，还考察了职业使命感对这一机制的调节作用，发现职业使命感能够缓冲浅层扮演对员工工作投入的负向效应，对于职业使命感较低的员工，领导情绪智力通过减少浅层扮演从而促进员工工作投入的间接效应更强，表现为被调节的中介作用。最后根据研究结论提出了相应的管理启示。

（3）领导情绪智力影响员工工作投入的增加资源供给机制研究。以工作要求—资源模型、资源保存理论和情绪感染理论为基础，对探索性研究中识别出的领导情绪智力影响员工工作投入的增加资源供给机制进行详细的理论分析，将初始理论命题转化为可检验的研究假设，通过问卷调查获取数据，采用实证研究方法对假设进行检验。基于 106 个团队的 458 份三时点问卷调查数据的实证研究结果表明：领导情绪智力通过领导—成员交换和团队—成员交换的中介作用间接影响员工工作投入，且二者的中介效应无显著差异。此外，还考察了成员互依性对这一机制的影响，发现团队成员互依性能够强化领导情绪智力通过提升团队—成员交换质量进而促进员工工作投入的间接效应。最后根据研究结论提出了相应的管理启示。

（4）领导情绪智力影响员工工作投入的减少资源消耗和增加资源供给机制的比较研究。从止损—增益整合的视角出发，将领导情绪智力影响员工工作投入的减少资源消耗机制和增加资源供给机制纳入同一框架进行考察，以判断两种机制能否同时发挥作用，并对两种机制发挥的效应进行比较，以识别出主导机制。基于 106 个团队的 458 份三时点问卷调查数据的实证研究结果表明：减少资源消耗机制和增加资源供给机制同时成立，且共同发挥作用；其中，减少资源消耗机制发挥着主导作用，增加资源供给机制发挥着次要作用。领导情绪智力可同时通过减少员工浅层扮演、增加员工真实表达以及提升领导—成员交换质量两种机制来促进员工工作投入；但相对来说，减少员工浅层扮演、增加员工真实表达这一路径更有效。最后根据研究结论提出了相应的管理启示。

1.3.2　技术路线

本书首先通过质性研究构建理论；其次通过实证研究验证理论的研究范式，整体思路为根据现实背景和理论背景确定研究问题，采用质性研究构建理论，采用实证研究检验理论；最后将研究结论应用于指导企业管理实践。本书的技术路线如图 1-1 所示。

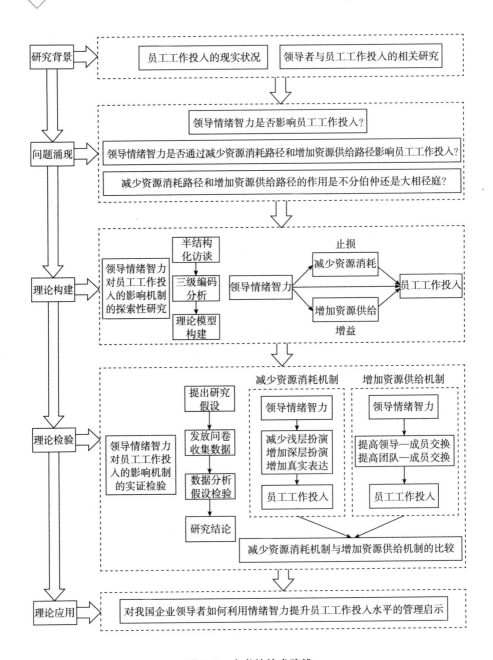

图 1-1　本书的技术路线

1.4 研究方法

本书主要关注领导情绪智力对员工工作投入的影响机制，研究过程中涉及相关理论与概念的梳理与分析、半结构化访谈、根据扎根理论研究方法构建理论模型、设计调查问卷、发放问卷收集数据、对数据进行统计分析以检验假设等，主要使用了文献研究、半结构化访谈、扎根理论、问卷调查、统计分析等方法。

1.4.1 文献研究法

文献研究法是社会科学研究中最基本的研究方法之一，主要是指收集、鉴别、整理文献，通过对文献的研究形成对事实的科学认识的方法。任何一项学术研究的开展都建立在继承和发展已有研究成果的基础上，本书也不例外。本书主要使用文献研究法进行以下几方面的工作：在国内外知名文献数据库，如中国知网数据库、Web of Science 核心合集数据库、Elsevier 数据库、Google 学术等，搜索员工工作投入和领导情绪智力相关文献，并进行梳理与分析，了解员工工作投入领域和领导情绪智力领域的研究进展与前沿，发掘已有研究存在的不足之处和研究兴趣点，在此基础上提出本书拟解决的研究问题；通过文献研究法确定本书采用的主要理论，对工作要求—资源模型等相关理论基础进行回顾；对研究中涉及的其他变量（情绪劳动策略、职业使命感、领导—成员交换、团队—成员交换和任务互依性）的相关文献进行系统梳理与总结，为后续研究假设的提出提供理论支撑。

1.4.2 半结构化访谈法

半结构化访谈法是探索性研究方法中深度访谈法的一种，指在质性研究资料收集过程中按照一个粗线条式的访谈提纲而进行的，以不同形式出现的开放性问题，引导访谈对象针对主题进行深入陈述的方法，是一种既开放又有方向性，既被形成又自然生成，既有步骤又很灵活的方法。访谈者对访谈结构有一定的控制作用，同时又允许访谈对象积极参与、自由地表达想法和观点，还可以根据访谈程序和内容对访谈进行灵活调整，有利于收集、挖掘到有价值的信息。半结构化访谈的一般实施流程包括设计访谈提纲、恰当提问、准确捕捉信息、适当做出回应、及时做好访谈记录等。本书深入企业实践，采用半结构化访谈法对企业员工进行一对一的访谈，为深入探究领导情绪智力对员工工作投入的影响机制收集一手资料。

1.4.3 扎根理论法

扎根理论法是质性研究方法中较为科学的一种方法，在管理学界得到了广泛应用，其目的在于在符合实际情境的条件下通过系统化的方式获得分析资料，从而针对某一特定现象建立新的或者更新的理论，它提供的是一个如何从资料、数据中发展构念、建立理论的程序。由于认识论的不同，扎根理论法在不断的发展过程中形成了 3 种流派：经典扎根理论法、程序化扎根理论法以及建构主义扎根理论法。原始扎根理论法认为，理论是发现的，理论存在于客观数据之中，要通过对数据的逐层解析自然呈现，在这个过程中研究者应该保持一种无价值涉入的中立立场。程序化扎根理论法认为，研究者在着手任何研究之前都必然带有业已存在的前提，在现实研究过程中完全避免"先入为主"过于理想化，而应该合理运用个人经验。建构主义扎根理论法认为，数据和理论都不是被发现的，而是通过研究者与被研究者的视域融合而构建出来的，关注的是数据的生成过程，理论构建依赖于研究者的观点。三种方法所遵循的编码原则和操作程序虽然存在一定差异，但都秉持理论源于实践、实践检验理论的认识论原则。本书采用建构主义扎根理论法来对领导情绪智力如何影响员工工作投入这一问题进行探索性研究。

1.4.4　问卷调查法

问卷调查法是研究者运用统一设计的问卷向被选取的调查对象了解情况或获取有关信息的一种研究方法，是当前组织与管理研究中最为广泛使用的数据收集方法之一，具有能够快速有效地收集研究所需的一手数据、可操作性强、成本较低等优点。使用问卷调查法收集数据主要包括问卷设计、研究样本的选择和正式问卷调查三个步骤。问卷设计时，为了保证测量的信度与效度，主要采用国内外研究中广泛使用的成熟量表测量相关变量，并采用翻译—回译的方式确保能够精准地翻译英文原始量表。当形成正式调查问卷后，根据研究目的和内容确定研究对象和研究样本的选择标准，寻找符合样本标准的企业，在征得企业同意后，在企业相关责任人的协助下进行大规模的问卷发放与回收工作，获得所需数据。当发放问卷时，可以采用传统的现场发放方式，也可以利用互联网进行线上发放（问卷星、通信软件或电子邮件等），也可将两种方式结合使用。本书在实证研究阶段，选择适合本书的成熟测量量表设计问卷，采用线上电子问卷的方式发放和回收问卷。同时为了减少共同方法偏差的影响，在进行问卷调查时分 3 个阶段进行，每个阶段间隔 1 个月，最终获得了实证研究中所需的核心变量和人口统计变量的相关数据。

1.4.5　统计分析法

根据相关理论推演提出研究假设，构建理论模型，对问卷调查法获得的数据进行数据分析，从而评价数据质量、进行假设检验、验证理论模型。获得所需数据后，需要选择适合的统计分析方法和统计软件进行数据分析。本书主要借助 SPSS21.0、MPLUS7.0 和 R 软件等统计分析软件实现，统计分析过程主要包括以下五个步骤：第一步，采用 Harman 单因素检验方法来检验共同方法偏差，这一步使用的软件为 SPSS21.0。第二步，使用 SPSS21.0 进行内部一致性检验，确保变量信度；使用 MPLUS7.0 软件进行验证性因子分析，检验各研究变量的聚合效度和区分效度。第三步，由于本书中涉及需要采用直接共识法聚合到团队层面的变量，因此采用跨层次研究中常用的 R_{wg} 指标检验组内一致性，ICC（1）和 ICC（2）指标检验组间差异性，以检验聚合的合理性。第四步，采用 SPSS21.0 软件进行描述性统计分析和相关分析。第五步，采用 MPLUS7.0 和 R 软件进行假设检验。由于本书中涉及个体和团队两个层次的变量，所以采用跨层次路径分析法对假设进行检验，该方法相较于跨层次分析中传统的层次线性模型来说更具优势，不仅可以有效避免将研究变量间关系的组内效应和组间效应混为一谈所产生的偏差，也可以直接（而不是分步地）估算出变量间作用的间接效应及其构成路径的系数值，从而获得更高质量的统计结果。跨层次路径分析采用 MPLUS7.0 软件进行，但由于该方法估计出的间接效应往往不服从正态分布，因此还需利用 R 软件、采用参数拔靴法进行重复抽样生成间接效应的置信区间，以更有效地检验间接效应的显著性以及调节变量在不同取值下间接效应的显著性。

1.5　主要创新点

（1）将领导情绪智力引入到员工工作投入的前因变量研究。关于领导者如何促进员工工作投入这一议题，学者已经进行了较为广泛的探讨，绝大部分研究旨在探讨某单一领导风格与员工工作投入的关系，基本上所有领导风格都已得到考察；还有一小部分研究探讨了领导某一具体行为对员工工作投入的影响。但已有研究忽视了领导者影响员工工作态度与行为的另一重要因素——情绪智力。工作投入是一种情感性的工作状态，而情绪智力是一种与情绪、情感相关的能力，因此，领导情绪智力可能对员工工作投入有独特的解释力。基于此，在我国关系取向的文化背景下探讨领导者如何利用情绪智力提升员工工作投入水平，具有一定的创新性。

（2）从止损—增益整合的视角探讨了领导情绪智力对员工工作投入的影响机制。目前探讨领导情绪智力对结果变量的影响机制的研究成果主要聚焦于增益视角，即考察领导情绪智力能够为员工、团队或组织增加何种益处，进而对组织结果产生积极效应。本书提出除了增益视角，领导情绪智力还能够通过减少、消除组织中存在的某些能够引起员工大量资源损失、消耗的不合理行为或现象，从而产生组织期望的积极结果或避免消极结果的产生，称为止损视角。本书区别于其他研究，不仅分别从止损视角和增益视角探讨领导情绪智力对员工工作投入的影响机制，还对两种视角发挥的效应大小进行了比较，发现与领导情绪智力对员工工作投入的增益效应相比，止损效应发挥的作用更大，因此，具有一定的创新性。

（3）对工作要求—资源模型的最新假设与观点做出了发展性研究。工作要求—资源模型虽然已经形成了较为成熟的理论假设和模型框架，但该模型的主要贡献者并未停滞不前，仍在不断进行深入挖掘和向外拓展。该理论模型的重要发展方向之一是识别并考察团队层面的工作要求和工作资源及其对不同层面结果的影响。本书验证了领导—成员交换和团队—成员交换能够作为团队层面的工作资源，为团队成员提供源源不断的动力，是对团队层面工作资源的有益探索。另一个正在发展的假设是领导者可能会影响员工的工作特征（工作要求与工作资源状况），进而间接对个体产生影响。本书验证了领导情绪智力能够影响员工为应对情绪要求而采取的情绪劳动策略（工作要求）和团队中的交换关系（工作资源），进而影响员工工作投入水平，在一定程度上支持了Bakker 和 Demerouti[32] 的初步假设，对工作要求—资源模型的最新假设与观点做出了发展性研究。

第2章　理论基础与文献综述

任何学术研究都建立在前人理论体系和研究成果之上，本书也不例外。为了从前人建立的理论宝库中汲取营养，本章主要对本书涉及的工作要求—资源模型、资源保存理论和情绪感染理论进行介绍，并对工作投入、领导情绪智力、情绪劳动策略、领导—成员交换和团队—成员交换等核心概念相关的研究文献进行系统梳理和回顾，从中挖掘以往研究的缺陷与不足，为本书进行后续研究奠定了理论基础。

2.1　理论基础

2.1.1　工作要求—资源模型

工作要求—资源模型（Job Demands-Resources Model）是由 Demerouti 等提出的，经过 Demerouti、Schaufeli 和 Bakker 等几位主要贡献者多年的不断补充与完善，逐渐发展成为组织行为领域广泛应用的理论模型。长期以来，消极心理学一直占据着组织行为研究的主导地位，组织行为领域的很多研究和理论也都聚焦于组织中的消极结果。工作倦怠成为世纪之交大部分西方国家面临的一个严重问题，相关研究成果迅速增加，但在当时缺乏一个能够有力解释工作倦怠的完整研究框架。在这种背景下，为了研究工作特征对工作倦怠的影响，Demerouti 等[34] 于 2001 年正式提出工作倦怠的工作要求—资源模型，指出无论是哪种职业，当工作要求很高且工作资源匮乏时就会产生倦怠。21 世纪初，在积极心理学的启发下，Schaufeli 和 Bakker[35] 将单独的压力研究传统和动机研究传统进行整合，指出工作要求会引发健康损耗过程，工作资源会引发动机激发过程，二者共同影响组织中的积极结果和消极结果。这一发现无论是对实践还是对理论来说都是一种重大突破，此后，该模型激起了不同领域学者的兴趣，纷纷在不同国家、不同样本、不同的组织情境中进行实证验证，结果大多证实了工作要求—资源模型的有效性。

初始的工作要求—资源模型如图 2-1 所示，包含 4 个核心假设：

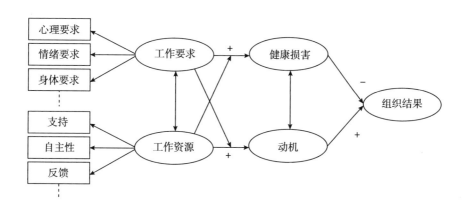

图 2-1　初始工作要求—资源模型

假设 2-1：所有的工作特征都可以划分为两个宽泛的类别：工作要求（Job Demands）与工作资源（Job Resources）。工作要求是指工作对个体身体、心理、社会或组织方面的要求，需要员工持续不断地付出身体或心理（认知或情绪）上的努力，因此，常伴随着生理或心理损耗，如较高的工作压力、恶劣的物理环境、与顾客互动的情绪要求、无规律的工作时间等。工作资源是指工作环境中提供的物质、心理、社会或组织方面的资源，这些资源具有实现工作目标，减少工作要求及其引起的生理或心理损耗，促进个体成长、学习和发展等功能，不仅能够用于应对工作要求，其本身还具有激发动机和促进个体健康幸福的潜能。工作资源覆盖的范围非常广泛，包括组织层面的资源，如薪酬、职业发展机会和工作安全；人际和社会关系层面的资源，如上级支持、同事支持和团队氛围；具体工作职位层面的资源，如角色清晰、参与决策；任务层面资源，如技能多样性、任务认同、任务重要性、自主性和绩效反馈等。

假设 2-2：工作要求和工作资源会引发两种不同的心理过程，从而产生不同的结果。一种是工作要求引发的健康损害过程（Health Impairment Process）：工作要求过高或持续时间过长时，如高强度的情绪要求、工作超负荷等，会逐渐消耗员工的生理和心理资源，导致员工资源耗竭、工作倦怠，最终产生消极的工作结果，如健康问题、离职意愿等。另一种是工作资源引发的动机过程（Motivational Process）：工作资源具有动机潜能，能够促进员工工作投入，进而产生积极的工作结果，如组织承诺、卓越的绩效等。工作资源能够起到内部动机和外部动机作用。个体具有自主、关系和胜任三种基本心理需求，决策自主权、社会支持、反馈等工作资源能够分别满足三种需求，通过满足员工的基本心理需求从而促进员工成长、学习和发展，起到内部动机作用。此外，提供丰富资源的工作环境能够增加员工顺利完成任务、达成工作目标的可能性，从而提升员工投入更多努力完成任务的意愿，这是一种外部动机作用。例如，来自上级的适当反馈和同事的支持使员工更容易达成工作目标，从而表现出较高的工作投入。

假设 2-3：工作资源能够缓冲高工作要求对员工的损耗，该假设被称为缓冲假设。不同类型的工作要求和工作资源能够交互预测工作压力，而在某种组织情境或工作职能下，具体哪些工作资源能够减轻哪些工作要求对个体的负面影响，则取决于具体的工作特征。不同的工作资源以不同的方式发挥缓冲作用，包括减少工作要求产生某种损耗或压力的趋势、改变个体对损耗或压力的感知或认知、缓和个体对损耗或压力进行评估后的反应或减轻个体反应的健康损害结果等。例如，与上级领导的高质量关系能够缓冲工作超负荷、情绪和生理要求等工作要求的影响，因为来自领导的赏识和支持能够使员工以另一种视角看待这些工作要求，即改变个体对损耗或压力的感知或认知，从而减轻工作要求对员工的负面影响。

假设 2-4：工作资源在高工作要求条件下的动机作用更显著，该假设被称为应对假设。当员工面临高工作要求时，工作资源具有更突出的价值和动机作用，员工更有可能充分利用工作资源更好地投入工作，以应对工作要求或减少压力。反之，当员工面临的工作要求较低，工作资源可能会被漠视，其价值和作用也得不到充分发挥。

初始的工作要求—资源模型虽然大获成功，但该模型的主要贡献者并没有停滞不前，而是不断发现与弥补初始模型的不足，使工作要求—资源模型在近几年取得重大的进展，如各种不同类型的工作要求与工作资源被识别，个体资源被纳入工作要求—资源模型，对结果变量的考察范围不断扩展，发现个体行为会导致资源的增益螺旋或损耗螺旋等，已经从初始的包含两条独立路径的简单模型发展成为一个拥有关于工作要求与工作资源的交互作用、员工自启动行为等具体命题的理论，且仍处于不断深化与拓展阶段。Bakker 和 Demerouti[32] 倡导未来的工作要求—资源模型研究应从以下几方面进行拓展：工作要求—资源模型内部的交互作用、因果关系的严格检验、个体要求（相对于个体资源）、客观测量方法、领导者的作用、员工行为与策略、工作要求—资源模型中的细化与微处理以及多层次视角。

这里重点介绍与本书相关的两个方面：领导者的作用和多层次视角。领导者可能影响员工的工作环境，进而间接影响员工的幸福与工作绩效。已有少量研究验证了此观点。Breevaart 等[36] 的研究发现，当领导者展现更多变革型领导行为时，下属报告更高水平的工作资源（自主性、反馈、发展机会），这些资源又可以促进下属的工作投入水平和工作绩效。Fernet 等[37] 的研究表明变革型领导行为会导致工作要求（认知、情绪和生理要求）的减少和工作资源（参与决策、工作认可、关系质量）的增加，进而间接促进积极工作态度和高工作绩效的产生。Bakker 和 Demerouti[32] 呼吁应加强领导者对员工工作环境影响的研究。

整合多层次构念有助于理解复杂的组织现象并发展出更精细的理论模型，多层次研究可以是预测因素来自不同的层面，也可以是结果来自不同的层面。以往基于工作要求—资源模型的研究主要集中在个体层面，然而实践中大部分组织对团队或部门层面的工作要求、工作资源和幸福感更感兴趣。目前仅有少量研究关注到了团队或组织层面的资源。例如，Bakker 等[38] 检验了团队层面的工作要求和工作资源对个体幸福的影响。Loi 等[39] 探究了个体资源（主动性人格）和团队资源（团队效能）的交互对员工情绪劳动的缓冲作用。Bakker 和 Demerouti[32] 倡导学者在工作要求—资源框架下进行多层次研究，理论上，多层次构念有助于更好地理解组织中的心理现象；实践上，多层次研究得到的知识可以帮助指导开发更有效的干预措施。

2.1.2 资源保存理论

资源保存理论（Conservation of Resources Theory）是由 Hobfoll 在 1989 年提出的，用个体资源的变化来解释个体动机与压力变化的理论。资源保存理论的核心假设是：①个体具有保存、保护已有资源和获取新资源的倾向；②资源剩余能够提升个体的安全感和幸福感；③当个体遭受资源损失的威胁，或已有资源出现实际损失，抑或是新资源获取失败时，会产生压力、紧张反应，甚至情绪耗竭，个体为了缓解压力会努力维持、保存与创造资源[40]。

资源是指个体认为有价值的事物或能够帮助个体获取这些有价值事物的工

具与途径。Hobfoll[40] 将资源分为四类：第一类是满足个体生存需要的物质资源（Object Resources），如房屋、汽车等；第二类是指帮助个体获得其他关键资源的条件资源（Conditions Resources），如权力、人脉等；第三类是指帮助个体在完成活动时抵御压力与干扰的个人资源（Personal Resources），如核心自我评价、自我效能感、积极情绪等；第四类是指帮助个体获取其他关键资源的能源资源（Energy Resources），如金钱、时间和知识等。

近年来，随着 Hobfoll 等[41] 对资源保存理论进一步的发展和完善，在核心假设的基础上逐渐形成了一系列原则与推论。

（1）资源损失首要性原则（Primacy of Resource Loss Principle），即与同等数量的资源获得对个体所带来的积极影响相比，同等数量的资源损失对个体带来的消极影响更为显著，产生影响的速度更快，持续时间也更长。个体在面对可能的资源损失或损失威胁时，更加倾向于进行资源保存行为而非资源获取行为。

（2）资源投资原则（Resources Investment Principle），即个体会主动将资源投入到一些活动中以期获得资源增值，以避免未来可能的资源损失或增加未来获取新资源的机会，类似于资源止损动机和资源获益动机驱动下的资源投资行为。对于资源较少的个体，新资源的补充和获取更为重要，对个体也更有价值。

（3）资源基础优势推论（Individuals with Resources are in a Better Position to Invest Those Resources），即个体的资源储备与未来遭遇资源损失的可能性和抵御资源损失的韧性密切相关。拥有较多初始资源的个体，不易遭受资源的损失，且获取新资源的能力更强；而拥有较少初始资源的个体，更容易遭受资源的损失，且获取新资源的能力也更弱。

（4）资源损耗螺旋和增益螺旋推论（Resources Loss Spiral and Resources Gain Spiral），即前一阶段的资源损益会影响下一阶段的资源损失或获取。资源损耗螺旋是指最初的资源损失会引发资源的进一步损失，且损失的强度会更大，消极影响会更强。资源增益螺旋最初的资源获得有益于资源的进一步获取，但相对于损失螺旋，获得螺旋效应偏弱，发展相对缓慢。

（5）资源交叉维度（Crossover of Resources），即人际之间会产生资源交换与同化过程，这一过程的关键前提是关系，当关系越紧密时，个体越能同化交往对象的资源。领导—成员交换即是领导者与追随者之间的资源交叉的典型例子，保持良好关系的领导者和追随者之间通常有更多、更重要资源的交换。

2.1.3 情绪感染理论

情绪感染理论（Emotion Contagion Theory）起源于心理学，后被引入到组织管理领域。情绪感染来源于观察者无意识的模仿和潜意识的心理反馈，并且感染结果可以感知和体验，是一种自下而上的情绪产生过程，表现为观察者面部表情、声音、姿势和动作，呈现出与他人同步的状态[42]，简单来说就是相互接触的双方，一方的情绪状态被另一方感知并产生类似情绪的现象。

情绪感染包含以下三个关键要素：一是接触性。接触性是情绪感染发生的基本条件，没有接触就没有情绪感染；情绪感染的接触性可分为直接接触和间接接触，直接接触指情绪感染的双方直接的进行情绪感染，间接接触指目睹他人情绪感染的过程而受到的情绪感染。二是指向性。情绪感染具有方向性，情绪总是从情绪诱发者向情绪的观察者传递。三是趋同性。观察者的情绪趋同于诱发者的情绪。趋同性是情绪感染的结果，也是情绪感染在宏观上的变化趋向[43]。

情绪感染的发生机制主要包含"察觉—模仿—反馈—感染"4个过程，观察者在察觉到情绪信息时会形成一种无意识模仿，通过模仿将诱发者的行为同步反馈到自己身上，从而诱发观察者产生与主体相同的情绪体验[44]。无意识模仿是情绪感染发生的前提，通过模仿和反馈刺激观察者产生相同的情绪促进情绪传递[45]（见图2-2）。

面部情绪信息 → 察觉 → 无意识模仿 → 反馈 → 情绪感染

图 2-2　情绪感染的发生机制

情绪感染过程会受到很多内外部因素的影响，如人格特质、动机、文化因素、群体规模等，还有研究发现领导者在群体情绪感染的过程中起着重要作用，领导者的正面情绪与团队成员的情绪正相关，能够激发团队精神和团队成员的工作积极性[46]。

2.2　文献综述

2.2.1　工作投入文献综述

2.2.1.1　工作投入的内涵

Kahn 是工作投入这一概念的研究先驱，他最先于 1990 年提出了一个新概念——个人投入（Personal Engagement），指出个人投入是组织成员全身心融入自己的工作角色[47]。Kahn 认为工作投入是员工的自我与其工作角色的结合，工作投入意味着个体在其工作角色扮演过程中，在生理、认知和情感三个层次上表达和展现自我，而个体所拥有的身体、情绪和心理资源是工作投入的必要前提。但 Kahn 的研究主要停留在理论叙述层面，没有给出真正的操作性定义。

工作投入概念提出后，立刻成为组织行为学和人力资源管理领域一个重要的研究主题，尤其在积极心理学和积极组织行为逐渐兴起后，工作投入受到了理论界和实践界越来越多的关注，不同学者对工作投入的内涵提出了不同的见解。Maslach 等[48] 将工作投入视为工作倦怠的对立面，将工作投入和工作倦怠置于一个三维连续体的两端，其中工作投入位于积极的一端，以精力（Energy）、卷入（Involvement）和效能感（Efficacy）为特征，工作倦怠位于消极的一端，以枯竭（Exhaustion）、讥诮（Cynicism）和专业效能感低落（Lack of Professional Efficacy）为特征；而工作投入的三个维度刚好分别是工作倦怠三个维度的直接对立面。但这种定义方式没能获得理论界的广泛认可。

Schaufeli 等[49] 将前人的观点进一步发展和完善，认为一个没有工作倦怠的员工未必就是一个工作投入的员工，工作投入并非工作倦怠的简单对立面，而是一个更为复杂的、独立的概念。他们提出，工作投入是个体将体能、认知与情感全方位自我融入工作中的心理/行为状态，是积极情感与高强动机在工作中的完美融合[50]。这种心理/行为状态具有持久性和弥散性的特点，而不是针对某一特定的目标、事件或情境；工作投入本身就是一种正性体验，体现了工作中的高能量水平和强烈的认同感，精力专注而不涣散。Schaufeli 等对工作投入的定义在理论界和实践领域是最被广泛引用的范式之一，本书也采用这一定义。

2.2.1.2　工作投入的维度与测量

Kahn[47] 将工作投入分为生理投入（Physical）、认知投入（Cognitive）和情绪投入（Emotional）三个维度。生理投入指个体在执行角色任务时能保持生理上的高度卷入；认知投入指个体能够保持认知上的高度活跃及唤醒状态，并能清晰地意识到自己在特定工作情境中的角色和使命；情绪投入指个体保持自己与其他人（如同事和上级）的联系以及对他人情绪情感的敏感性。但目前以 Kahn 的理论为基础编制的量表并不多见。

Maslach 等[48] 认为可以直接采用"Maslach 工作倦怠问卷"（MBI）来评估员工工作投入，通过个体在枯竭、讥诮和专业效能感三个维度上的相反得分来评估，即在枯竭、讥诮上的低得分和在专业效能感上的高得分代表高工作投入。

Schaufeli 等[50] 认为工作投入包括活力（Vigor）、奉献（Dedication）和专注（Absorption）三个维度，其中活力代表工作时精力充沛并具有心理韧性，拥有为工作付出的意愿，遇到困难时能坚持不懈；奉献是指全身心融入工作，在工作过程中不惧挑战、充满热情，能体验到意义感和自豪感；专注是指工作时全神贯注，不易察觉时间的流逝，不愿从工作中脱离出来。并据此开发了工作投入量表（the Utrecht Work Engagement Scale，UWES），该量表包括活力、奉献和专注三个分量表，共 9 个题项。代表性题项如"工作时我感到精力充沛""我认真工作时总是忘记时间"。UWES 已经成为相关实证研究中应用最广泛的量表。

Shuck 等[51] 以 Kahn 的定义和理论框架为基础开发了员工工作投入量表（The Employee Engagement Scale，EES），该量表专门针对人力资源管理领域开发，是一个对理论研究和组织实践都适用的综合性量表。该量表包含三个维度：认知投入（Cognitive Engagement）、情绪投入（Emotional Engagement）和行为投入（Behavioral Engagement）。每个维度由 4 个题项进行测量，代表性题项如"我在工作时十分投入""我对我的工作有一种强烈的归属感""即使无人要求，我也愿意投入更多额外努力"。

2.2.1.3　工作投入的影响效果

工作投入被普遍认为对员工个体和组织都有积极作用。对员工个体而言，高工作投入的员工具有更高的幸福感、生理和心理健康水平，更低的抑郁水平，更高的工作满意度和生活满意度，更高的工作绩效和经济收入，更高的工作能力和职业生涯发展等[3]。对组织而言，员工的高工作投入意味着更高的组织承诺、更高的角色内和角色外绩效、更低的缺勤率和离职意向[14]。因此，员工工作投入被视为是组织获取竞争优势的重要途径，是影响组织目标和绩效实现的关键。根据美国民调机构 Gallup 的调查，员工工作投入水平较高的公司业绩比员工工作投入水平较低的公司高出 202%[8]。Harter 等[52] 对 Gallup 以往有关工作投入的 42 项研究（涉及 36 家公司的将近 8000 个独立的商业单位）进行了元分析，结果表明：员工工作投入与顾客满意度、生产力、利润率以及单位总体绩效等组织结果变量均存在显著的正相关。此外，还有研究发现员工工作投入还能够溢出到家庭领域，对员工家庭产生增益，如 Roth-bard[53] 探讨了员工工作投入和家庭投入间的相互作用，发现男性的工作投入会增强其家庭投入，女性对工作的投入会减少其对家庭的投入，但对家庭投入却会增强其工作投入。

2.2.1.4 工作投入的影响因素

为了寻找提升员工工作投入水平的有效途径，国内外学者对员工工作投入的影响因素进行了广泛研究。但归纳起来，主要有三类因素可以影响员工的工作投入：一是个体因素，如人格特征、情绪情感、核心自我评价、自我效能感等因素对工作投入均有一定影响；二是工作相关因素，如工作资源、领导风格、组织公平、高绩效人力资源管理等；三是家庭因素，如社会支持、工作家庭平衡等。其中的部分因素对员工工作投入具有直接影响，而另一部分因素则要通过一定的中介变量间接影响员工的工作投入。本书对近年来关于员工工作投入影响因素的代表性研究成果进行了梳理，结果如表2-1所示。

表2-1 工作投入的影响因素研究成果

类别	作者	影响因素
个体因素	Bledow 等[56]	积极情感和积极心境
	Leroy 等[57]	专念
	Ouweneel 等[58]	自我效能感
	张琳琳 等[59]	核心自我评价
	柯江林 等[60]	心理资本
	顾江洪 等[61]	职业使命感
	郭钟泽 等[62]	昨天的积极体验
工作相关因素	唐汉瑛 等[18]	谦卑领导行为
	孙健敏 等[63]	组织支持感
	Zhong 等[64]	高绩效人力资源管理
	Haynie 等[65]	分配公平、程序公平
	孔茗 等[66]	领导—成员喜欢一致性

续表

类别	作者	影响因素
工作相关因素	张文勤等[67]	挑战—抑制性压力
	徐振亭等[8]	自我牺牲型领导
	张健东等[54]	领导情绪
	侯昭华和宋合义[55]	辱虐管理
	Jeroen 等[68]	人力资源管理实践
	Amor 等[16]	变革型领导
	吴丽君等[69]	不合规任务
	Hakanen 等[70]	多项工作资源
	Yan 等[71]	职场友谊
家庭因素	于悦等[72]	工作家庭平衡
	曾练平等[73]	社会支持
	马灿等[74]	家庭支持
	苏凤然等[75]	家庭动机

关于领导者对员工工作投入的影响，绝大部分学者一直以来都将目光聚焦到领导风格尤其是积极领导风格是如何促进员工工作投入的，如变革型领导[16]、悖论型领导[17]、牺牲型领导[8]、精神型领导[19] 等，几乎涵盖了所有的积极的领导风格；而对领导者的其他特征，如能力、心理等与员工工作投入的关系关注不足。近年来开始涌现出少量的旨在探讨领导风格之外的领导特征对员工工作投入的影响研究，如张健东等[54] 探讨了领导情绪对员工工作投入的作用机制。激发员工高水平的工作投入是领导者的重要职能，探讨更多领导风格之外的领导者相关因素对员工工作投入的影响，有利于更好地回答领导者如何有效促进员工工作投入这一重要理论和现实问题。

2.2.2 领导情绪智力文献综述

2.2.2.1 领导情绪智力的内涵

情绪智力（Emotional Intelligence），又称情商，最早是由 Salovey 和 Mayer[29] 于 1990 年提出的，是指个体监控自己及他人的情绪和情感并识别、利用这些信息指导自己的思想和行为的能力。这一概念最初并没有引起广泛关注，在 Goleman[76] 的大力推动下迅速并持续成为理论界和实践界广为讨论的热点问题。引入到领导学领域后，对领导学研究产生了重要影响，引发领导学领域的学者纷纷关注领导者的情绪智力，对领导情绪智力的内涵、维度与测量、与领导有效性的关系进行了广泛探讨，相关研究成果激增。

当前情绪智力研究主要有两种理论模型，即混合情绪智力模型（Mixed Model）和能力情绪智力模型（Ability Model）。混合情绪智力模型主要基于综合视角，认为情绪智力是个体用来应对外界需求的情绪、人格和人际能力的综合。这一界定比较宽泛，且未将情绪智力与人格特质进行严格区分，递增效度和区分效度较低。混合情绪智力模型通常也称为广义的情绪智力，主要以 Goleman、BarOn 和 Parker 为代表人物，如 BarOn 和 Parker[77] 将情绪智力定义为影响一个人成功处理环境需要和压力的一系列非认知性潜能、能力、技巧的综合。能力情绪智力模型主要基于认知视角，认为情绪智力是个体感知、处理及有效管理情绪和情绪信息的能力组合，这一界定涵盖内容较为狭窄，与人格特质进行了严格区分，具有良好的预测效度和结构效度。能力情绪智力模型通常称为狭义的情绪智力，代表人物为 Salovey 和 Mayer、Wong 和 Law 等。如 Mayer 和 Salovey[78] 认为，情绪智力是指个体监控自己及他人的情绪和情感并识别、利用这些信息指导自己的思想和行为的能力。

以上情绪智力的内涵具有普适性，适用于任何个体，并非针对领导者。我国学者张辉华和凌文辁[79] 突破以上狭义和广义的情绪智力概念，从中观层次对其进行了界定，他们把情绪智力的内容限制在"情绪及与情绪有密切关系的心理与行为"领域，提出了针对组织中的管理者的情绪智力行为模型，认为管理者情绪智力是指管理者在工作和交往过程中表现出来的理解、驾驭情绪及与情绪相关的心理和行为的能力。

以上三类模型中，能力情绪智力模型中的概念界定较为清晰、严谨，得到了管理学领域中学者的广泛认可。本书采纳能力情绪智力模型的观点，认为领导情绪智力是领导者监控自己及他人的情绪和情感并识别、利用这些信息指导自己的思想和行为的能力。

2.2.2.2　领导情绪智力的维度与测量

不同学者基于不同的情绪智力理论模型开发出了不同的情绪智力维度及测量量表。能力情绪智力模型的典型测量量表由 Mayer 和 Salovey、Wong 和 Law 开发。Mayer 等[80] 认为，情绪智力由操作情绪信息的四种能力组成：情绪感知和表达能力（准确地感知、评价和表达情绪的能力）、情绪促进思维能力（产生促进思考的情感或倾向于产生这类情感的能力）、情绪理解能力（理解、分析和使用情绪和情绪知识的能力）、情绪管理能力（调节情绪以促使情绪发展和智力发展的能力），并于 2002 年开发了情绪智力量表（Mayer-Salovey-Caruso Emotional Intelligence Test，MSCEIT），该量表共包含 141 个题项，测试时间需要 30 分钟。Wong 和 Law[81] 以 Mayer 等人的观点为基础，重新开发了适用于领导学和工作场所的量表（Workplace Emotional Intelligence Test，WEIT），根据该量表，情绪智力包含四个维度：自我情绪认知、他人情绪认知、情绪调节、情绪运用，共 16 个题项，大大缩短了测试时间。该量表也是目前情绪智力相关研究中应用最为广泛的量表之一。此外，还有 Schutte 等[82] 开发的情绪智力量表（Schutte Self-report Emotional Intelligence Inventory，SSREIT），共包括 33 个题项，以及 Groves 等[83] 开发的情绪智力问卷（Emotional Intelligence Self-directed Inventory，EISDI），共包括 24 个题项。

混合情绪智力模型的代表人物 Goleman 等[84] 认为，情绪智力包含自我意识、自我管理、社会意识、关系管理四种能力，并开发了领导情绪胜任力量表（Emotional Competence Inventory，ECI），共包括 73 个题项，采用 360 度（包括自我、同事、上下级等）评价方式进行测评。BarOn 和 Parker[77] 提出了自己的情绪智力理论，认为情绪智力包含五种元素，分别为内省能力、人际交往能力、压力管理、适应性和一般情绪状态，并编制了情绪商数问卷（Emotional

Quotient Inventory，EQ-i），量表共 133 个题项，测试时间约为 40 分钟。此外，还有 Petrides 等[85] 开发的特质情绪智力问卷（Trait Emotional Intelligence Questionnaire，TEIQue），共包括 144 个题项，以及 Dulewicz 和 Higgs[86] 开发的情绪智力问卷（Emotional Intelligence Questionnaire，EIQ），共包括 69 个题项。

张辉华和凌文辁[79] 在我国文化背景下提出了管理者情绪智力行为模型，并据此编制了管理者情绪智力量表，根据该量表，管理者情绪智力包含关系处理、工作情智、人际敏感、情绪调控四个维度，共 16 个题项。

为了方便读者理解和直观比较，本书将代表性情绪智力的维度与测量量表进行了汇总，如表 2-2 所示。

表 2-2　领导情绪智力的维度与测量量表

理论模型	代表学者	维度	测量量表
能力模型	Mayer 等[80]	情绪感知和表达能力、情绪促进思维能力、情绪理解能力、情绪管理能力	MSCEIT 量表
	Wong 和 Law[81]	自我情绪认知、他人情绪认知、情绪调节、情绪运用	WEIT 量表
混合模型	Baron 和 Parker[87]	内省能力、人际交往能力、压力管理、适应性、一般情绪状态	EQ-i 量表
	Boyatzis 等[88]	自我意识、自我管理、社会意识、关系管理	ECI 量表
	Law 等[89]	评价表达自身情绪、评价识别他人情绪、对自身情绪的控制、运用情绪自我激励	WLEIS 量表
行为模型	张辉华和凌文辁[79]	关系处理、工作情智、人际敏感、情绪调控	管理者情绪智力量表

在表 2-2 的测量量表中，混合情绪智力模型相关测量量表被学者批评过于宽泛和松散，测量题项较多，测试时间过长，因此，并不适用于组织管理领域。张辉华和凌文辁[79] 的管理者情绪智力量表虽然是在我国文化背景下开发

的，但在国内外研究中应用较少，其信效度不能得到有效保证。在能力情绪智力模型相关测量量表中，相对于 MSCEIT 等其他量表，Wong 和 Law[81] 的 WEIT 量表具有明显优势：在我国文化背景下、针对工作场所开发，适用于领导学和组织管理学，且题项数量适中，应用性较强，具有良好的信效度，因此，得到了国内外相关学者的青睐，是目前领导情绪智力研究中应用最广泛的量表，本书也将采用这一量表。

2.2.2.3　领导情绪智力的影响效果

国内外学者就领导情绪智力的影响效果展开了广泛探讨，已积累了一定的研究成果。为了更为清晰地展现相关研究成果，本书将领导情绪智力的影响效果研究分为个体效果、团队效果和组织效果三部分，代表文献汇总如表 2-3 所示。

表 2-3　领导情绪智力的影响效果研究

影响层级	作者	中介机制	结果变量
对个体的影响	余琼和袁登华[98]	领导—成员交换	员工工作绩效
	Young-Ritchie 等[99]	结构性授权	组织承诺
	吴维库等[92]		员工组织承诺、工作绩效、满意度
	Fortner[95]		员工动机、工作满意度
	Affandi 和 Raza[96]		员工工作生活质量、员工绩效
	Mahmoodzadeha 等[93]		组织承诺
	龚素芳[101]	不当督导	员工工作压力
	王淑红和郑佩[22]	组织氛围	员工组织公民行为、员工绩效
	王淑红等[103]	上下级关系	员工反馈规避行为
	Ivcevic 等[97]	成长机会—积极情绪	员工创造力
对团队的影响	Hur 等[108]	变革型领导	领导有效性、团队有效性、服务氛围
	Chang 等[106]	团队内信任	团队绩效
	容琰等[110]	程序公平氛围、交互公平氛围	团队利他行为、团队任务绩效、团队满意度、团队承诺
	丁晓斌和李志刚[109]	边界管理	团队绩效

续表

影响层级	作者	中介机制	结果变量
对组织的影响	Mcclelland[112]		部门利润
	高寒阳[113]		企业绩效
	胡坤利[114]		微企绩效
	Wilderom 等[115]	凝聚力、销售指向的员工行为	商店客观绩效
跨层次影响	Kafetsios 等[94]		员工积极情绪、消极情绪、工作满意度、工作倦怠
	王淑红[91]		员工工作满意度
	Zhang 等[111]	团队凝聚力	团队绩效
		个体—团队匹配	员工绩效

（1）领导情绪智力对个体的影响效果。领导情绪智力对个体的影响效果研究成果较为丰富，涉及员工的绩效、情感、态度与行为等方方面面，具体来说包括员工工作绩效、工作满意度、组织承诺、组织公民行为、员工积极与消极情绪、工作生活质量、员工动机、工作倦怠、创造力、工作压力、离职意向等。Sy 等[90] 研究发现领导情绪智力显著正向影响员工工作绩效和工作满意度，且员工情绪智力在其中发挥调节作用。王淑红[91] 的研究则发现了团队层面的领导情绪智力对员工工作满意度的跨层次影响以及员工情绪智力的调节作用。而除了工作绩效和工作满意度，吴维库等[92] 的研究还发现领导情绪智力能够显著正向影响员工的组织承诺。Mahmoodzadeha 等[93] 的研究也证实了领导情绪智力对员工组织承诺的影响。Kafetsios 等[94] 的研究有较为丰富的发现，即领导情绪智力对员工的积极情绪和工作满意度有显著正向影响，对员工消极情绪和工作倦怠有显著负向影响。Fortner[95] 研究发现领导情绪智力对员工动机和工作满意度有显著正向影响。Affandi 和 Raza[96] 的研究则发现了领导情绪智力对员工工作生活质量的影响。Ivcevic 等[97] 的研究发现领导情绪智力行为通过成长机会和积极情绪的链式中介作用影响员工的创造力。

以上研究重点关注的是领导情绪智力对个体的直接影响效果，还有一些研究则深入探讨了领导情绪智力对个体结果的影响效果、作用机制和边界条件。余琼和袁登华[98] 发现，领导—成员交换在领导情绪智力和员工工作绩效间起中介作用。

Young-Ritchie 等[99] 的研究发现，结构性授权中介了领导情绪智力和员工组织承诺。唐春勇和潘妍[100] 的研究结果表明，组织认同在领导情绪智力与员工组织公民行为间起中介作用。王淑红和郑佩[22] 则发现，组织氛围同时中介了领导情绪智力和员工组织公民行为、工作绩效的关系。龚素芳[101] 探究了领导情绪智力对员工工作压力的影响，并进一步发现不当督导在其中发挥着中介作用，员工的情绪智力起到调节作用。祁大伟和吴晓丹[102] 的研究发现了领导情绪智力对员工离职意向的负向影响，以及组织认同中介领导情绪智力的这种影响。王淑红等[103] 发现领导情绪智力能够通过提升上下级关系减少员工的反馈规避行为。罗瑾琏等[104] 从二元视角探究了领导者自评情绪智力与下属他评领导者情绪智力一致性对员工建言的影响，且发现了双元领导在情绪智力一致性与员工建言间的中介作用，以及领导者自我意识对这一间接作用的负向调节作用。

（2）领导情绪智力对团队的影响效果。已有研究主要探讨了团队领导情绪智力对团队绩效、团队有效性、团队满意度、团队承诺、团队利他行为等团队结果的影响，如 Feyerherm 和 Rice[105] 以 26 个顾客服务团队为调查对象进行的实证研究发现，团队领导者的情绪智力与团队绩效总体上呈负相关关系。Chang 等[106] 的研究则得到了相反结论，基于 91 个团队的研究结果表明团队领导者的情绪智力通过团队内信任的作用间接正向影响团队绩效。Polychroni-ou[107] 以希腊组织中的 267 名领导者为样本进行的实证研究发现，领导者的情绪智力通过变革型领导的中介作用间接影响团队有效性。Hur[108] 则基于韩国55 个团队的数据得出了更为丰富的结论，即领导情绪智力通过变革型领导的作用间接影响团队有效性、领导有效性和服务氛围。国内学者丁晓斌和李志刚[109] 的研究则发现了边界管理在领导情绪智力和团队绩效间的中介作用。

容琰等[110] 的研究拓展了以往狭窄的团队结果变量范围，以 74 个工作团队的数据探讨了团队领导情绪智力对团队利他行为、团队任务绩效、团队满意度和团队承诺的影响效果和作用机制，以及团队权力距离的调节作用。结果表明，领导情绪智力对上述四个团队结果均有显著正向影响，领导情绪智力通过程序公平氛围的中介作用间接影响团队任务绩效和团队利他行为，交互公平氛围在领导情绪智力与团队任务绩效、满意度和团队承诺间起中介作用；团队权力距离在领导情绪智力和交互公平氛围间起调节作用。Zhang 等[111] 研究发现领导情绪智力通过团队凝聚力的中介作用影响团队绩效。

（3）领导情绪智力对组织的影响效果。关于领导情绪智力对组织的影响效果研究相对较少。Mcclelland[112] 针对一家食品企业的调研发现高情绪智力领导者能够带来高于预期目标 20% 的部门利润。高寒阳[113] 的研究发现中小企业家情绪智力的各个单一维度和企业绩效的相关关系不显著，整体情绪智力和企业绩效显著相关。胡坤利[114] 针对重庆地区 235 家微型企业的研究发现，微型企业主的情绪智力对微企绩效有显著正向影响。Wilderom 等[115] 以探究了商店经理的情绪智力对客观商店绩效的影响，结果表明，商店经理的情绪智力对客观商店绩效并无直接影响，但能够通过商店凝聚力和销售指向的员工行为间接影响客观商店绩效。

2.2.3 情绪劳动策略文献综述

2.2.3.1 情绪劳动策略的内涵与种类

情绪劳动（Emotional Labor）这一概念最早由 Hochschild 于 1983 年提出，他将其定义为"为了获取劳动报酬而调整和管理自身情绪使之符合组织期望所需要付出的努力"，指出情绪劳动是一种有别于脑力劳动和体力劳动、在实践中广泛存在的劳动形式[116]。这一概念起源于对服务业一线员工的研究，银行员工在给客户办理业务时需要表现出礼貌和耐心、餐厅服务员即使被惹怒了也要展露微笑来迎合顾客等都是典型的情绪劳动。之后服务业一线员工的情绪劳动问题得到了理论界和实践界的广泛关注，逐渐成为组织领域的一个重要的研究主题。随着情绪劳动理论的不断发展与完善，情绪劳动研究积累了丰富的成果，情绪劳动的内涵也发生了一定的演变，逐渐具有了双重内涵，它既可以指征工作场所的情绪表达要求，也可以指征个体在工作场所中的情绪调节行为[117]。前者被定义为情绪展现规则，后者被定义为情绪劳动策略。本书关注的是后者，员工的情绪劳动策略，因此主要对情绪劳动策略的相关研究进行介绍。

Hochschild[116] 提出了员工进行情绪劳动的两种具体策略：浅层扮演（Surface Acting）和深层扮演（Deep Acting），普遍被认为是最为典型的两种方式，都是员工为了展现出组织想要的情绪而采取的程度不同的情绪调节行为。浅层扮演是指员工察觉到自己的情绪体验与组织展现规则不一致时，对自己情绪的外部表现，如表情、姿势、语调等进行调整以展现出组织所需要情绪的行为，此时员工展示的是与其内心真实情绪体验不一致的情绪状态。深层扮演则是指员工察觉到自己的情绪体验与组织展现规则不一致时，主动通过重新评估情境或主动将注意力集中到积极、正面的事情上等方式来调节自我体验，从而获得并展现出与组织期望相一致的情绪体验，此时员工真正改变了内心的情绪体验，并真实呈现出来。

浅层扮演和深层扮演具有以下三点区别：①指向的对象不同，浅层扮演调节的对象是情绪的外部表现，深层扮演调节的对象是情绪的内在体验；②个体进行情绪调节的时间不同，浅层扮演的情绪调节动作发生在情绪体验之后，是一种反应型调节，深层扮演的调节动作发生在情绪体验之前，属于前端调节；③结果状态不同，浅层扮演时员工展现的情绪是背离员工真实情绪体验的，而深层扮演时两者是一致的。当组织有明确的情绪展现规则，员工不仅会运用浅层扮演策略来伪造情绪表现，也会运用深层扮演策略根据组织的需要来改变内心真实的情绪体验，这两种策略最终都能使员工的情绪表现符合组织的情绪展现规则。

后来 Diefendorff 等[118] 对情绪劳动策略进行了拓展，提出了情绪劳动的第三种方式：真实表达（Natural Acting）。真实表达是指员工内心的情绪体验与组织的情绪展现规则一致，真实、自然地表达出自己的情绪。Brotheridge 和 Lee[119] 认为虽然真实表达时员工对情绪的操控程度较低，但为了确保自己的情绪表现与组织的情绪展现规则一致，员工同样需要有意识地努力管理自身的情绪表现，需要持续的自我监控。把真实表达策略纳入到情绪劳动策略之中，有助于打破情绪劳动策略的非深（深层扮演）即表（浅层扮演）的二元论断，扩大了情绪劳动策略的研究视角。

本书采用 Diefendorff 关于情绪劳动策略的三维度结构观点，即情绪劳动策略由浅层扮演、深层扮演和真实表达三种策略构成，测量量表也来自该学者。

2.2.3.2 情绪劳动策略的影响效果

不同的情绪劳动策略会对员工和组织产生不同的影响和结果。进行浅层扮演时，员工表现出来的情绪与内心真实的情绪体验是不一致的，员工在情绪劳动过程中需要持续不断地对情绪的外部表现，如表情、言语、姿势等进行自我监控和调整，从而使之符合组织的情绪展现规则，这就会导致员工会耗费大量的心理资源。同时这种不真实的扮演会使员工处于高压力、高度紧张和情绪失调的状态，长此以往会导致员工情绪枯竭和工作满意度下降。此外，由于浅层扮演更多的是强颜欢笑，而非员工真情实感的流露，容易被互动对象识破从而引发互动对象的反感和不满，降低组织的顾客服务质量[120]，降低顾客满意度和忠诚度[121]。

员工进行深层扮演时，启动自我说服、想象、重新评价等复杂的认知活动需要调用大量的动机资源，维持认知活动过程中还需要调用注意力、知识和能力等资源，因此深层扮演也会耗费员工大量内在资源。但深层扮演不同于浅层扮演的一点是，深层扮演后员工能够在后续环节获得资源补偿的机会。深层扮演使员工最终真实地表达自我，真情实感的流露会带来一系列积极的结果，比如高自我效能感、工作成就感及顾客满意度等。因此，对组织而言，员工的深层扮演策略对提升顾客服务质量、增加企业市场份额具有重要作用[122]。对员工个体而言，深层扮演消耗的资源可以通过获得更高的绩效工资，与顾客建立良好的互动关系，得到社会性称许或支持等方式获得补偿，员工获得的资源补偿通常大于深层扮演引起的资源消耗，因此对员工个体会产生更多的积极影响[123]。

真实表达由于是真情实感的自然流露，需要付出的努力程度很低，需要消耗的资源极少，且同深层扮演一样能够获得多种资源补偿机会，因此会给员工带来更多的心理健康和心理幸福感[124]。对组织来说，真实表达同样有利于提升顾客服务质量、增加企业市场份额。

2.2.3.3　情绪劳动策略的影响因素

鉴于浅层扮演对员工和组织的消极影响，深层扮演和真实表达对员工和组织的积极影响，为了探明如何抑制员工的浅层表演，促进员工的深层表演和真实表达，学者对员工情绪劳动策略的前因展开了研究。

学者主要从员工个体因素、工作情境因素、工作—家庭因素三方面对情绪劳动的前置影响因素进行了深入分析。员工个体因素包括人格特质[125]、情绪智力[126]、负性情绪的基础水平[127]、自我决定动机[128]、资质过剩感[129]、心理资本[130] 等。工作情境因素包括高绩效工作系统[131]、情绪表达潜规则[132]、工作自主性[133]、领导者因素[120] 等。工作—家庭因素主要包括家庭工作冲突和家庭工作增益[134]。领导者是工作情境因素中重要的一种，但领导者与员工情绪劳动策略的关系并未得到充分讨论。已有学者探讨了变革型领导[135]、放任型领导[136]、辱虐型领导[137]、包容型领导[120] 等领导风格与员工情绪劳动策略的关系。但只考虑了领导风格因素，而领导者的其他因素尚未涉及。

此外，以往研究较多关注如何减少员工浅层扮演的频率以及增加深层扮演的频率。深层扮演虽然更可能带来资源的累积而非消耗，然而过高强度的深层扮演也可能会造成过度消耗和情绪耗竭。的确，当员工面临负面事件使真实情绪与组织展现规则不一致时，组织更希望员工努力调整自己的情绪，而非仅仅伪装出一张笑脸。然而浅层扮演和深层扮演只是员工产生消极情绪时的无奈之举，而非主动选择。员工情绪与组织展现规则一致，无须进行任何扮演，真实、自然地表达情绪，这才是员工最理想的情绪劳动策略，对于组织来说也同样是最佳策略。但同时考虑三种情绪劳动策略的前置影响因素的研究较为缺乏[124]。

2.2.4 职业使命感文献综述

2.2.4.1 职业使命感的内涵

美国社会学家 Bellah 等[138] 将个体的工作价值观分为三种：第一种是把工作当作生计（Job），即仅将工作视为换取报酬、购买消费品的手段；第二种是把工作当作事业（Career），将工作视为取得成就、提升身份地位的途径；第三种是将工作当作使命，视为生命的意义和乐趣。Wrezesniewski 等[139] 发现员工从事一种职业可能同时出现三种工作价值观，而不同的职业中这三者的分布接近于平均，这为职业使命感的存在提供了依据。

之后不同学者对职业使命感（Career Calling）的定义产生了分歧，有些学者认为职业使命感即职业或工作本身，另一些学者同 Bellah 一样将职业使命感定义为一种价值观，但更多的学者在定义职业使命感时，倾向于将其定义为可能来源于外部召唤，也可能来源于自身的一种激励力量。Duffy 等[140] 认为职业使命感不同于职业，是来源于个体之外的一种超然性的召唤，是个体对工作整体的意义感和目的性的感知。Dobrow 和 Tosti-Kharas[141] 将职业使命感定义为"个体体验到的指向某一特定领域、随着强烈的意义感的内心强烈的激情和力量"。Elangovan[142] 认为职业使命感是亲社会意愿的实现过程，体现了个体对正在做什么、应该做什么、想要做什么感知的融合。

Duffy 等[140] 在众多定义中归纳出职业使命感的三种本质成分：①外部召唤（External Summons），是指怀有使命感的个体往往觉得自己是受某种身外的力量呼唤来从事相关工作的。②生命意义（Purpose in Life），脱离对特定使命的履行时个体就会觉得人生没有意义，怀有使命感的人的工作和自我概念高度统一。③亲社会动机（Prosocial Motivation），对于怀有使命感的人，通过工作而践行使命旨在帮助不特定的他人，为社会财富做贡献。顾江洪等[61]在 Duffy 等[140]研究的基础上，将职业使命感定义为一种常伴有命中注定感的、以利他价值观和目标为原动力的、为追求生命的目的和意义而工作的心理结构，本书采用这一定义。

2.2.4.2　职业使命感的维度与测量

不同学者对职业使命感的维度划分和测量量表总体来讲差异较大，一些学者将职业使命感作为一个单维度构念进行相关研究，并选取一个或多个相应的题项进行测量。如 Dik 等[143]开发的简化版职业使命感量表（Brife Calling Scale，BCS），包括两个题项。Dobrow 和 Tosti-Kharas[141]开发了包含 12 个题项的单维度职业使命感量表。Dik 等[143]认为职业使命感包含三个维度：外部召唤、工作意义感和亲社会动机，随后设计了包含 12 个题项的职业使命感量表（Calling and Vocation Questionnaire，CVQ）。Tamara 和 Abele[144]认为职业使命感是一个五维构念，包含超越的引导力量、工作认同、意义感、价值观为导向的行为以及工作—雇员匹配五个维度。本书采用的是 Dik 等[143]开发的简化版职业使命感量表（Brife Calling Scale，BCS）。

2.2.4.3　职业使命感的影响效果

职业使命感主要影响的是个体态度与行为，尤其是职业领域的态度与行为。Dobrow 的研究发现具有高职业使命感的个体具有更高的职业自我效能感和职业认知清晰度。Wrzesniewski 等[139]的研究发现，与将工作看作是谋生手段或职业的人相比，具有职业使命感的个体工作满意度和生活满意度更高，更能感受到工作意义和生活意义，且他们在工作中的缺勤率极低。Hall 和 Chandler[145]提出职业使命感和职业成功关系的理论模型，职业使命感较高的个体为了实现职业使命感，会设定目标，在职业使命感领域做出更多的努力，该模型得到了 Praskova 等[146]的验证，结果表明，职业使命感和工作努力之间显著正相关。Elangovan 等[142] 认为使命感会独立影响工作动机水平，且这种影响可能超越其他传统动机预测变量的作用。顾江洪等提出在控制了主要的工作资源和个人资源之后，职业使命感仍能够额外对工作投入的变异进行解释。

2.2.5 领导—成员交换文献综述

2.2.5.1 领导—成员交换的内涵

早期的领导理论研究主要基于领导者的单一视角，将领导视作一个自上而下的过程，下属只是领导行为的被动接受者，探讨特定的领导行为对员工个体、团队和组织的影响。这种理论视角的潜在假设是领导者对所有成员都采取同样的领导行为或领导风格。Graen 等[147] 突破了这种传统视角的枷锁，提出员工并非领导行为的单纯的被动接受者，领导与团队成员之间是一个二元互动的关系，二者共同构建领导过程，并将社会交换概念引入领导理论，提出领导过程是一个领导与团队成员之间从经济交换变化到社会交换的动态过程，由此提出了领导—成员交换概念（Leader-Member Exchange，LMX）。领导—成员交换理论的核心观点是，由于领导者的时间、精力和资源都是有限的，为了提高领导有效性，领导者会针对不同的员工采取不同的领导方式，给予不同的价值资源，从而与团队成员形成亲疏有别的交换关系。

领导—成员交换理论逐渐发展成为组织管理领域最受关注的领导理论之一。多年来，学者们围绕领导—成员交换的内涵、测量、前置影响因素以及对团队成员态度与行为的影响展开了广泛研究。但这些研究主要从个体层面和对偶层面展开，孤立地看待领导—成员交换关系，忽视了其嵌套于更广泛团队情境的特征。Graen 和 Uhl-Bien[148] 指出应关注领导者如何与每位成员建立一对一的合作伙伴关系，使领导—成员交换发展过程更加公平，尽可能地在团队中建立更多高质量领导—成员交换关系，以提升领导力和拓展组织效能。未来研究应将分析层次从个体/对偶层面扩展到团队/集体层面，在更高水平上考察领导—成员交换。然而，直到近几年团队层面的考察才陆续出现。虽然领导—成员交换理论开始向团队层次拓展，但目前相关研究成果有限，团队层面的领导—成员交换研究远远落后于个体层面，尚处于起步阶段，仍有诸多问题亟须解答。

本书关注的是团队层面的领导—成员交换。关于团队层面的领导—成员交换的界定，学者们的观点比较统一，Liden 等[149]、王震和孙健敏[150]、涂乙冬等[151] 均认为团队层面的领导—成员交换是团队中领导与不同成员交换关系质量的总体水平。较高的团队层面领导—成员交换高意味着领导者与大多数成员具有高质量的交换关系。

2.2.5.2　领导—成员交换的维度与测量

在领导—成员交换理论发展早期，大多数学者将领导—成员交换视为一种从高到低连续变化的单一维度变量，反映的是领导在正式的工作场合中与员工所建立的交换关系的质量。学者们据此开发了若干包括不同题项的量表，如 Graen 和 Cashman[152] 开发的 4 题项量表，Graen 等[153] 开发的 5 题项量表，Scanduram 和 Graen[154] 开发的 7 题项量表。

之后随着领导—成员交换理论的发展，学者们认为领导与成员间的互动不仅仅局限于工作范围，他们交换关系的建立是双方角色扮演过程，领导—成员交换质量的高低会随双方交换内容的不同而变化，因此领导—成员交换应是多维度变量。Dienesch 和 Liden[155] 认为领导—成员交换包括三个维度：贡献、忠诚和情感。Graen 和 Uhl-Bien[148] 认为领导—成员交换包含三个维度：信任、彼此尊重和责任，但这些维度之间存在高度相关性，因此可以被整合成单一维度，并开发了包含 7 个题项的领导—成员交换单维度测量量表（LMX-7 量表）。Keller 和 Dansereau[156] 对该量表进行了验证，发现 LMX-7 量表的各题项之间显著相关，且在中西方情景下都具有良好的信度和效度。目前，大多数国内外学者普遍采用这一量表测量领导—成员交换。与大多数学者一致，本书也采用了这一量表。

团队层面的领导—成员交换测量方法是先由团队成员对自身与领导者的交

换关系质量进行评价，然后再将所有成员的评价进行聚合，即得到领导者与不同成员交换关系质量的总体水平。关于采用何种方法进行聚合，一部分学者提倡以中位数指标合成团队层面的领导—成员交换，如 Dienesch 和 Liden[155]、Henderson 等[157]，但大部分学者倾向于采用均值指标对团队层面的领导—成员交换进行测量。团队成员个体测得的领导—成员交换的均值或中位数高，意味着团队层面的领导—成员交换关系质量高，表明领导者与大多数成员具有高质量交换关系。本书拟以均值指标合成团队层面领导—成员交换。

2.2.5.3 领导—成员交换的影响效果

关于团队层面领导—成员交换产生的影响主要集中在团队方面。例如，Boies 和 Howell[158] 认为团队层面领导—成员交换能够提高团队效能，抑制团队冲突。李翠和程志超[159] 认为团队层面领导—成员交换能够增强团队凝聚力，提升团队合作水平，最终提高团队创新水平。邱纯等[160] 研究发现团队层面领导—成员交换能提升团队整体对领导者的信任以及对团队氛围认知的一致性。Ford 和 Seers[161] 提出团队层面领导—成员交换能够促使团队成员对团队氛围、支持管理、挑战性和贡献氛围的认知趋同。王震和孙健敏[150] 研究发现，在控制了变革型领导后，团队层面领导—成员交换仍对团队整体的情感承诺和团队绩效具有显著正向影响。Zhao 等[162] 的研究表明团队层面领导—成员交换对促进性团队建言和抑制性团队建言均有正向影响。

少量研究探讨了团队层面领导—成员交换对个体工作态度与行为的影响，如刘蕴等[163] 考察了团队层面领导—成员交换能够影响员工的人际公平感，进而影响员工的帮助行为。于慧萍等[164] 研究发现团队层面领导—成员交换对工个体创造力有显著正向影响。He 等[165] 的研究发现团队层面领导—成员交换对个体创造力和团队创造力均有显著正向影响。涂乙冬等[151] 研究发现团队层面领导—成员交换能够提升员工对领导者的认知信任和情感信任。

此外，还有研究发现团队层面领导—成员交换的影响能够从工作领域溢出到家庭领域，如 Tu 和 Lu[166] 发现团队层面领导—成员交换对员工生活满意度具有工作—生活积极溢出效应。

2.2.5.4　领导—成员交换的影响因素

关于团队层面领导—成员交换的前置影响因素的相关研究比较有限，主要是从领导者的角度进行探讨的。Kinichi 和 Vecchio[167] 的研究结果表明，领导者的工作时间压力与团队层面领导—成员交换正相关。当领导者面临的工作时间压力较大时，领导者需要投入更多时间、精力参与到成员具体任务中去，并在较大范围内培养可信任的业务骨干，因而有助于与更多的成员建立高质量交换关系，从而在团队层面形成高质量交换关系。Schyns 等[168] 证实，管理幅度与团队层面领导—成员交换负相关。管理幅度（团队规模）越大，领导者有限的时间、精力与资源越不可能满足所有成员的需求与期望，因此团队层面领导—成员交换质量就越低。涂乙冬等[151] 研究发现道德型领导会正向影响团队层面领导—成员交换。Henderson 等[169] 研究发现变革型领导和服务型领导均能促进团队层面领导—成员交换质量，且领导者获取的资源和信息也与团队层面领导—成员交换正相关。He 等[165] 关注了领导者的负面行为与团队层面领导—成员交换的关系，发现领导者的辱虐管理对团队层面领导—成员交换具有负向影响。

2.2.6　团队—成员交换文献综述

2.2.6.1　团队—成员交换的内涵

20 世纪 60 年代社会交换理论在美国兴起，Graen 和 Cashman[152] 根据社会交换理论提出了领导—成员交换理论，描述的是组织中上级领导与下属员工之间的纵向交换关系。Seers[170] 于 1989 年指出，团队内不仅仅有团队领导与团队成员之间的纵向交换，团队成员之间也存在横向的人际互动和社会交换，由此提出了团队—成员交换（Team-Member Exchange，TMX）的概念，并将团队—成员交换定义为个体成员对其在团队中和其他成员之间整体交换关系的感知。这一概念的提出意味着组织中的"配对"关系不再局限于领导和下属之间，而扩展至团队成员和团队之间，有助于进一步理解工作场合社会交换关系的本质。团队—成员交换逐渐发展成为衡量团队成员之间关系质量的一个核心特征，成为组织管理领域的一个研究热点。

Seers 等[171] 提出团队—成员交换体现了团队中的某个成员帮助其他成员的意愿强度，团队成员之间彼此分享观点和绩效反馈的程度，团队成员之间是否乐于相互分享信息、相互帮助，以及对彼此能力和团队成员角色的认可程度。个体与其他团队成员之间的交换关系的质量会随着个体能力、利益以及其他成员的需求而发生变化。低质量的团队—成员交换关系里，资源交换仅限于完成任务所需，而高质量的团队—成员交换则不局限于工作任务需要，还包括社会情感资源的交换。

根据不同学者的研究目的和视角，团队—成员交换可以在个体层面进行分析，也可以在团队层面进行分析。如果目的是考察个体成员感受到的自己和其他成员之间的关系质量时，应将团队—成员交换作为个体层面的变量，此时关注的是团队成员间团队—成员交换的差异性。如果目的是衡量整个团队成员之间关系的质量，则应将团队—成员交换作为团队层面的变量，此时关注的是团队成员间团队—成员交换的相似性。本书认为领导者能够运用其高情绪智力促进团队整体的交换关系质量，因此将团队—成员交换作为团队层面变量。

2.2.6.2 团队—成员交换的维度与测量

Seers[170] 提出团队—成员交换由三个维度构成：交换、会议频率和凝聚力。交换描述了个体成员与其他团队成员的交换关系，包括信息交换和成就交换；会议频率是指团队为了完成任务或实现目标而举行会议的频率和效率；凝聚力描述了团队成员间的信任程度和合作精神。其开发的团队—成员交换测量量表共 18 个题项，其中 10 个测量交换、4 个测量会议频率、4 个测量凝聚力。

之后，Seers 等[171] 对该量表进行了精简，只取其中的交换维度，并将交换过程划分为贡献和索取两部分。精简后的量表包含 10 个题项，其中 5 个题项测量成员对团队的贡献，代表性题项如"我经常就工作方法优化问题向其他团队成员提供建议"；5 个题项考察成员从团队中获得的支持，代表性题项如"其他团队成员了解我的问题和需要"。目前绝大多数学者都采用这一量表来测量团队—成员交换质量，本书也采用了该量表。团队层面的团队—成员交换一般是以个体层面团队—成员交换的测量值的平均数来衡量。

2.2.6.3　团队—成员交换的影响效果

团队层面团队—成员交换对团队和团队成员均有影响。Seers 等[171] 的研究发现团队—成员交换能提升团队的凝聚力，且团队—成员交换能够比凝聚力更好地解释团队绩效的提升。Ford 和 Seers[161] 探讨了团队—成员交换对团队内的共识氛围的影响，研究结果表明团队层面团队—成员交换对团队中的共识氛围具有正向影响。Jordan 等[172] 的研究发现，团队—成员交换对团队绩效产生显著正向影响。孙锐等[173] 的研究发现，团队层面团队—成员交换能够提升对组织创新的气氛。Liu 等[174] 的研究发现，团队层面团队—成员交换能够提升团队绩效，且对团队成员的团队承诺和知识共享意愿均有正向影响。刘洁琼[175] 研究发现团队层面团队—成员交换通过团队创造效能感的中介作用正向影响团队创造力，同时通过对团队成员个体的创造角色认同的中介作用影响成员个体创造力。Lau 等[176] 研究发现拥有高质量团队—成员交换的团队，其整体的工作投入水平更高。Hung 等[177] 研究发现团队层面团队—成员交换能够直接正向影响团队成员个体的工作重塑，且通过团队工作重塑的中介作用间接影响团队成员个体的工作重塑。Xu 和 Wang[178] 研究发现团队层面团队—成员交换能够有效促进集体繁荣。

2.2.6.4　团队—成员交换的影响因素

团队层面团队—成员交换的影响因素的研究成果相对较少，主要可以归纳为以下两方面：一是团队结构、团队成员相似性等团队因素；二是领导者因素。Seers[170] 对比了不同的组织结构特点对团队—成员交换的影响，发现自我管理团队要比传统的工作团队更容易在团队层面形成高质量的团队—成员交换关系。Dose[179] 考察了团队成员之间感知到的工作价值观的相似性和团队成员之间个体特征的相似性对团队层面团队—成员交换的影响，结果发现性别比例和少数族裔会对团队—成员交换产生影响，但群体成员工作价值观却对团队—成员交换没有影响。Lau 等[176] 研究发现团队整体的信任倾向对团队层面团队—成员交换具有正向促进作用。Xu 和 Wang[178] 研究发现服务型领导有助于在团队层面形成高质量的团队—成员交换关系。

2.2.7 任务互依性文献综述

2.2.7.1 任务互依性的内涵

任何一个工作团队或多或少都会以一种互依性的方式将团队成员整合起来，任务互依性（Task Interdependence）是团队的一个重要的任务情景变量，在团队过程中扮演重要角色。Wageman[180] 认为任务互依性是指个体任务与团队其他成员任务间的结构性联系，如目标的关联、流程上的衔接、进度上的协调、资源共享和分配，以及对团队合作的要求程度。Van der Vegt 等[181] 将任务互依性定义为个体在完成任务的过程中对来自团队其他成员的信息、资料和支持的依赖程度，是对团队作为整体共同完成任务的评价。

任务互依性有着高低程度之分。低互依性的工作任务表现为一项任务只需一名员工就可以单独完成，较少依赖其他成员的合作；而高互依性的工作任务要求员工必须与其他团队成员充分互动才能共同完成工作。按照任务结构和任务复杂性，任务互依性可以分成联营式互依性、顺次式互依性、互惠式互依性和团队互依性四种类型[182]。联营式互依性是指每一个团队成员都是独立工作的，但所有成员的产出会作为一个整体，共同构成团队产出，是互依性最低的，例如销售团队。顺次式互依性是一种定向的工作互依性，工作团队中某一个成员要在其他成员产出的基础上进行下一步工作，团队成员产出集合就是整个团队产出。互惠式互依性包括团队成员之间的双向互动，类似于顺次式互依性。团队互依性是指每一个团队成员共同合作完成手里的工作，他们之间的互动是随机的，没有时间规定，方向也不固定，他们中的每一个成员都要负责整个团队的所有方面。这种情况下的团队成员各自都拥有完成工作任务所需的能力和技能。例如产品开发团队，从产品的设计、制造、营销到最后的产品销售都由团队所有成员共同负责。

任务互依性按照完成任务所需依赖的对象的不同可以分为领导成员互依性和团队成员互依性两类[183]。领导成员互依性是指团队成员和领导之间的纵向互依程度，团队成员互依性是指团队成员之间的横向互依程度。

2.2.7.2　任务互依性的维度与测量

任务互依性多采用量表进行测量，且大多是单维度量表。国内外相关研究中比较常用的量表有以下几个：Pearce 和 Gregersen[184] 编制的量表，其中包括两个分量表，任务互依性量表反映了工作之间的相互依赖程度，包括 5 个题项；任务独立性量表反映了一名员工独立于其他人完成其任务的程度，包括 3 个题项。Campion 等[185] 开发的 3 个题项量表，代表性题项如"我要依赖其他同事的合作才能成功地完成工作""我与其他同事执行的任务是相关的"。Van der Vegt 等[181] 开发的 5 个题项量表，代表性题项如"我必须依赖我的同事才能完成工作""我的同事为了完成他们的工作任务，必须从我这获得信息和建议"。Bishop 和 Dow Scott[186] 开发的 4 个题项任务互依性量表，代表性题项如"我必须经常与领导/同事合作"，本书采用的是该量表。

2.2.7.3　任务互依性的调节作用

作为一种典型的工作特征，已有大量研究表明任务互依性是很多组织变量发挥作用的条件，是一个非常重要的情境调节变量，因此国内外学者主要将任务互依性作为调节变量，探索其对变量之间关系的影响。有多项研究发现任务互依性对领导者相关因素在组织中的影响具有调节作用，例如罗瑾琏等[187] 的研究发现团队任务互依性能够强化悖论式领导对团队活力和团队创新的正向影响；变革型领导、领导魅力、领导谦卑性、领导情绪感知等对员工和组织的影响也受到任务互依性的调节[188]。任务互依性对团队特征对团队的影响也常常具有调节作用，例如常涛等[189] 的研究发现高任务互依性能够强化低地位稳定性对团队创造力的正向影响，缓和高地位稳定性对团队创造力的负向影响；团队关系冲突、团队薪酬设计、团队地位差异性、内隐协调等团队相关因素对团队的影响也常常受到任务互依性的调节[190]。此外，团队中人际之间的互动行为，如社会阻抑、知识隐藏、职场排斥、知识共享等对互动过程和互动对象的影响也会受到任务互依性的调节作用，例如白静和潘小莉[191] 发现工作任务互依性调节同事排斥与知识隐藏间的关系，任务互依性越低，同事排斥对知识隐藏的正向影响就越强。

2.3　文献评述

通过上述对相关文献的系统梳理和回顾，可以发现现有对员工工作投入、领导情绪智力、情绪劳动策略、领导—成员交换、团队—成员交换、职业使命感和任务互依性的研究已经取得了较为丰富的研究成果，这些研究成果为本书考察领导情绪智力与员工工作投入的关系提供了理论和实证支持。但是总结而言，这些研究目前还存在一些有待完善之处，具体体现在以下几个方面：

（1）关于领导者如何促进员工工作投入，虽然已经积累了较为丰富的研究成果，但是绝大多数研究都将关注点聚焦在了不同领导风格对员工工作投入的影响上，如变革型领导、包容型领导等。然而，领导风格并非领导者的全部，领导者的能力、特质、心理等方面的特征对员工工作投入的影响也不应被忽略。近年来，领导者的情绪智力在工作场所的价值受到越来越多的肯定和关注，研究表明领导的情绪智力与领导有效性密切相关，且会对下属的组织公民行为、满意度、任务绩效、组织承诺以及团队绩效和态度等产生重要影响。本书推断，领导的情绪智力极有可能是员工工作投入这一动机性和情感性工作状态的重要前置因素。尤其是考虑到我国关系取向的文化情境，领导者的这种与人际关系息息相关的情绪智力或许对员工工作投入有独特的解释力。然而当前尚未有学者关注到领导情绪智力与员工工作投入的关系这一重要议题，领导情绪智力对员工工作投入的影响效果尚不明晰，其内在的影响机制也尚待揭示。

（2）从领导情绪智力的影响机制来看，已有研究主要基于社会交换理论、情绪感染理论等提出领导者通过情绪情感（积极情绪、组织认同）、氛围（组织氛围、公平氛围）、认知（匹配、凝聚力）、关系（上下级关系、领导成员交换关系）等几类中介机制对个体、团队或组织产生影响。这些影响机制都是基于增益视角构建的，即探讨高情绪智力的领导者能够为员工、团队和组织增加哪些益处，从而促进积极结果的产生；只有极少数研究从止损视角出发，探讨领导情绪智力通过减少、消除组织中可能存在的对员工产生损害、消耗的因素，从而缓解消极结果的产生。对止损视角的忽略可能导致很多有价值的影响机制无法被识别，不利于领导情绪智力理论的完善。

（3）根据已有研究结论，领导情绪智力在个体、团队、组织层面上均有效。但关于领导情绪智力影响效果的研究大多是在单一层次内探讨，或是在"领导—员工"二元关系层面上探讨领导情绪智力对员工个体的影响，或是在团队层面上探讨领导情绪智力对团队结果变量的影响，抑或是在组织层面探讨领导情绪智力对组织的影响，而关于团队中领导者情绪智力对团队成员个体影响的研究还较为缺乏。事实上，团队领导的情绪智力可以看作是团队层面上影响员工态度和行为的重要因素[192]。跨层次影响研究的不充分不利于全面理解领导情绪智力的作用，也不利于更好地指导企业管理实践。

（4）已有的关于领导情绪智力和员工工作投入的相关研究，主要采用的是实证研究方法，存在"知先行后"的问题，对我国企业的管理实践活动起到的指导作用有限。目前，已有越来越多的学者开始倡导"行先知后"，即管理学应该先直面我国企业管理实际情况，回归到实践中去，探寻其中蕴含的真相和规律，以创建适合我国企业管理现状的理论，并提出质性研究方法的重要性，提倡首先采用质性研究解释问题背后的基本原理，其次用实证研究方法检验那些在质性研究中发现的可被检验的结论。已有的关于领导情绪智力和员工工作投入的实证研究未能从我国本土实践出发去挖掘真相，不利于指导我国企业的管理实践活动。

第3章 领导情绪智力对员工工作投入影响机制的探索性研究

本书严格按照 Charmaz[193] 提出的建构主义扎根理论研究过程进行探索性研究，具体包括以下流程：①确定研究问题，带着这些问题通过访谈尽可能多地获取与研究问题相关的丰富细节与数据。②对已获取的资料进行分析，形成初始编码，养成撰写备忘录的习惯，用于指导后续数据的收集和资料分析。③随着分析的深入，继续搜集数据，将看起来最重要的和/或出现最频繁的初始编码提升为聚焦编码。④继续完善概念类属，探寻编码间的可能关联，通过理论抽样寻找新的数据，在数据与编码间进行反复对比、归纳，最终形成新的理论。根据上述流程，本书深入企业实践，选取适合的访谈对象进行半结构化访谈，采用建构主义扎根理论方法对访谈资料进行分析，通过初始编码、聚焦编码和理论编码，提出初始理论命题，构建领导情绪智力对员工工作投入的影响机制模型。

3.1 研究设计

3.1.1 访谈提纲的设计

本书采用半结构化访谈方式收集数据，访谈提纲是支持扎根分析的工具。

本书基于访谈提纲进行资料收集，为后续扎根理论分析提供基础支撑。首先，本书遵循简洁、聚焦而连贯的原则，基于研究目的，经过文献参考和深入思考，提炼出主要访谈内容；其次，征询人力资源管理专家和企业管理人员的相关意见，对访谈提纲进行修改，确定最终的访谈提纲。主要访谈内容包含但不限于以下3个问题：①您认为您的直接领导的情绪智力如何？能详细谈谈吗？②您觉得领导的情绪智力对您的工作有影响吗？具体有哪些影响？③您在工作中的工作投入水平如何？具体的访谈提纲见附录1。

3.1.2 访谈对象的选择

基于研究问题和研究目的，为保证收集信息的丰富有效，本书采用理论抽样法选取访谈对象。理论抽样的出发点是为了发展研究者所提出的新观点或者对已有观点进行完善，是根据具体研究目的选择访谈对象，在本质上区别于定量研究中的随机抽样或系统抽样，要求访谈对象是某一现象的典型代表性群体，而非统计学意义上的代表性群体，研究者会有意识地选取那些能够为研究提供最大信息量的访谈对象，如此使研究结论具有更强的解释性[194]。本书的目的是探索拥有高情绪智力的领导者如何塑造员工的工作要求和工作资源状况进而促进员工工作投入，因此典型代表性群体应是那些对领导情绪智力有较高评价的员工，这些员工能够为本书提供较大的信息量。另外，由于本书关注的是作为团队领导者的情绪智力对团队成员工作投入的影响，因此在选择访谈对象时，还需要考虑其所在团队的情况，故设立了以下筛选标准：①访谈对象所在团队成员有且仅有1位共同领导，且团队成员人数不少于3人；②访谈对象与当前领导共事时间在1年及以上；③为了避免来自同一团队的访谈对象的相互比照而影响资料质量，每个团队只选取1名访谈对象。

研究者首先从身边的朋友、校友、亲属中寻找符合标准且愿意参与访谈的人选作为初始访谈对象，其次请他们邀请所在企业的不同团队的同事参与访谈，随着访谈进程的推进，逐步调整、扩展、确定下一名访谈对象。通过前期筛选、分段资料采集与饱和度验证，最终正式接受访谈的有效访谈对象为 22 人，来自 9 家企业的 22 个基层团队。访谈对象基本情况如表 3-1 所示。

表 3-1 访谈对象基本情况

人口统计学变量	统计内容	频次	占比（%）
性别	男	12	54.5
	女	10	45.5
年龄	21~30 岁	9	40.9
	31~40 岁	8	36.4
	41~50 岁	5	22.7
学历	高中、中专及以下	2	9.1
	大专	4	18.2
	本科	11	50
	硕士及以上	5	22.7
工作年限	1~3 年	6	27.3
	3~5 年	9	40.9
	5 年以上	7	31.8

3.2 资料的采集与整理

3.2.1 访谈前的准备工作

访谈者预先与访谈对象就访谈时间和方式进行商议，部分采用面对面形式进行访谈，部分借助视频通信软件进行访谈；提前约定访谈时间，选取访谈对象较为空闲且精力充沛的时间；将访谈提纲通过通信软件或邮件等方式，与访谈对象进行预先沟通。

3.2.2 正式访谈

访谈均采用一对一的方式，每人访谈时长 40～60 分钟。在征得访谈对象同意的前提下全程录音，记录访谈内容。在访谈开始前，向访谈对象说明访谈的目的与意义、研究的用途以及对信息的保护，消除访谈对象的顾虑，使之能对访谈者提出的问题给出真实的回答。此外，因本书所涉及的"领导情绪智力""工作投入"等学术用语对于访谈对象来说可能难懂，访谈者使用领导情绪智力的俗称——"情商"一词进行访谈，并用通俗易懂的语言向访谈对象做简要解释，以便在后续访谈中获得准确、有效的信息。

访谈过程中要确保访谈对象对受访问题做出细致入微的描述，不能泛泛而谈。访谈者要把握访谈过程兼具开放性和聚焦性，尤其在对待访谈对象不熟悉的新鲜事物时，不能使用经验知识进行假设性回答；访谈者要尽量营造和谐、友好的氛围，及时回答访谈对象的疑问，把握访谈进度和主题，避免访谈对象偏离中心，并在适当的时候进行追问，以捕捉到有效信息。

3.2.3 访谈后的资料整理

每一次访谈结束后，访谈者都会尽快将访谈记录进行整理、核对，将采集到的访谈内容从录音逐字转化为文本信息，并对文本信息按以下标准进行整理：第一，剔除不相关内容，如寒暄、对访谈目的的询问等；第二，剔除缺乏准确内容的记录，如"没想好""记不清楚了"等模糊的回复；第三，按照逻辑顺序逐条整理访谈内容。资料整理完成后开始进行资料分析，根据初步的分析结果，对后续的访谈内容进行调整，因此可以说资料采集与分析是同时进行的。

3.3　资料的分析

对资料进行编码分析是建构主义扎根理论法的关键环节，是收集数据和形成解释这些数据的生成理论之间的关键环节。建构主义扎根理论编码主要包括三个阶段：初始编码阶段（Initial Coding）、聚焦编码阶段（Focused Coding）、理论编码阶段（Theory Coding）。具体操作过程中的主要原则如表 3-2 所示，本书将严格按照这些原则进行编码分析。

表 3-2　建构主义扎根理论编码原则

编码阶段	编码意义	编码原则
初始编码	把数据片段贴上标签，并对每一部分数据进行分类、概括和说明	①紧贴数据，尽量用能够反映行动的词语进行编码，避免分析工作之前发生概念跳跃并接受已有理论 ②初始编码应是开放性的，要对能够在数据中识别的任何理论可能性保持开放 ③初始编码是临时、比较性的，应当给其他分析留下空间
聚焦编码	用以综合和解释更大范围的数据，这些编码比初始编码更具指向性、选择性和概念性特征	①聚焦编码要求判断和筛选那些最能敏锐地、充分地分析数据的初始编码 ②聚焦编码指引研究者回归早期研究对象，探究早期不能识别或无法表述的问题，检验研究者对问题的先入之见 ③需要在资料和初始编码以及各初始编码间进行循环往复地比较，从而形成最能反映资料本质的编码
理论编码	将聚焦编码形成的类属之间可能的关系具体化，进而使分析性的故事变得理论化	①理论编码是整合性的，给收集的聚焦编码赋予了形式 ②理论编码有助于澄清和加强研究者的分析，但应避免把强制性框架施加在理论编码身上

3.3.1　初始编码

初始编码是指首次对数据内容进行定义的过程。初始编码要紧紧贴着数据，努力在每个数据片段中看到行动，而不是把已有的类属应用到数据上。要对所有可能的、由数据阅读所指出的理论方向都保持一种开放的状态，同时注意使编码简短、生动和具有分析性。在进行初始编码时，要通过挖掘早期的数据来寻找能够进一步指引数据收集和分析的分析性观念，不断发展这些编码，使之与这些数据契合，并据此继续进行理论抽样和数据收集，去进一步探究和填充这些编码。数据收集和数据分析的同时进行和循环往复，能够帮助形成类属，并进一步深入到研究问题中。

在进行初始编码时，可以根据数据的类型选择逐词编码、逐行编码、逐句编码、逐段编码和逐个事件编码，当数据资料对个体、行动以及环境有比较丰富的细节、能够明显地揭示生动的、因果相继的场景和行动时，进行逐行编码能够捕捉到大量实质性信息，因此本书进行初始编码时，主要采用逐行编码对每行数据进行命名，之后再结合逐句编码、逐段编码和逐个事件编码获取进一步的想法和信息。为了更清晰地展示本书的初始编码过程，本书呈现了对1号访谈对象的原始访谈资料进行逐行编码的过程，如表3-3所示。

表3-3　初始编码举例

1号访谈对象原始访谈资料	初始编码
Q：您认为您的直接领导的情商怎么样？能详细谈谈吗？ A：我觉得我领导的情商应该算挺高的。他的情绪很稳定，大多数时候都是很积极、乐观的，对人很热情，待人接物的方式也让人觉得非常舒服。而且他也会关注我们的情绪，比如说有一次我因为家里的一点事特别难受，开会的时候我们领导应该是发现我一反常态、情绪有点低落，开完会后他特意把我叫到休息室，问我怎么了，是不是有什么困难、需不需要帮助之类的，听我说完后他耐心开导我、安慰我，并且很真诚地给了我一些建议，当时我真的很感动。还有很多其他类似的事情，总之就是他很会关心人，我也很感激他，所以我也会特别努力的工作，对自己的工作认真负责，希望可以回报他的关心吧。 Q：还有什么其他的表现吗？ A：他社交能力很强，这应该是情商高的很重要的一种表现吧。不管是和我们这些下属还是和其他部门的一些领导、同事关系都挺好的。他跟我们走得挺近的，没有太大的距离感，支持我们的工作，有什么困难和问题他会积极帮忙解决，也会经常鼓励和肯定我们的成绩。另外他很重视团队整体的力量，为了让我们互相加深了解和信任，在工作中合作得更顺利，经常搞一些团建，带着我们聚餐、	领导情绪稳定 领导积极乐观、待人热情 领导关注员工情绪 领导识别员工消极情绪 领导主动提供帮助 领导调节员工情绪 领导给员工提供建议 员工感激领导 员工回报领导 领导社交能力强 领导与下属、其他部门领导和同事关系好 领导积极解决问题、领导鼓励和肯定员工 领导积极建设团队关系

续表

1 号访谈对象原始访谈资料	初始编码
唱歌、户外素质拓展之类的，把我们团队整体的氛围搞得很好，大家都其乐融融的，会互相帮助什么的，就感觉还挺好的。	团队氛围良好、互相帮助
Q：您觉得领导的情商对您有什么影响吗？具体有哪些影响？	
A：那肯定是有影响的，而且我觉得影响还挺大的。以我个人的经验来看，跟不同的领导一起工作，工作环境是有很大差别的。就我现在的领导，他是那种永远热情洋溢的人，极少看到他有消沉、不高兴的时候，他这种情绪状态就非常感染我，跟他一起工作一段时间后，我觉得我也变得比以前更加积极、乐观了。他很会讲话，特别善于激发我们的斗志，调动我们的工作热情，所以我们工作起来也比较卖力。再有就是他为人随和，你会很乐意跟他沟通工作上的事情，即使他要给你负面的反馈，他也是那种鼓励性的，不会过于责怪你，让你难堪，所以我工作时心理上是比较轻松的，没有太大的心理负担，能够专注于工作。相比之下我上一个领导情商就比较低了，他比较苛刻，说话特别直接，不在意别人的感受，容易发脾气，工作中最好不要犯错，但凡让他有点不满意，他就会当着所有同事的面大声斥责你，丝毫不留情面，而且你就算不满意也不能表现出来。总之就是工作环境特别压抑，感觉自己每天都要强颜欢笑，真的是心力交瘁。那时候每天都害怕去上班，害怕又做错事被领导说，每天上班都得进行一番心理建设，真的太痛苦了。我本来是很喜欢那份工作的，但是后来，跟着那个领导的时间长了，工作热情慢慢都磨没了，后来开始抵触去上班，最后选择离职了。后来来到现在这家公司，跟着现在这个领导工作，整个工作氛围好太多了，又可以开心工作了。所以说，领导的情商真的很重要，影响很大。	领导影响工作环境 领导积极情绪 领导积极情绪感染员工 领导善于激发员工斗志、调动员工工作热情 领导良性沟通 领导鼓励员工 员工心理轻松，能专注于工作 低情商领导不关注员工情绪，无法控制自身情绪 员工抑制消极情绪展现 员工伪装积极情绪 员工消极情绪 员工工作热情消退 员工离职 工作氛围好，开心工作
Q：看来领导的情商确实对您的工作有很大的影响。关于现在这位您认为情商较高的领导，对您还有什么其他的影响吗？	
A：让我想想。我们领导特别善于启发我们从更积极的角度去思考问题，有时候我们工作遇到一些困难、无法推进的时候，大家其实会有点沮丧、焦躁，但是我们领导总能找到那么一个角度，让我们觉得事情没有那么糟糕，把大家的情绪快速调整好，然后组织大家一起积极想办法解决问题。就是在很困难、很棘手的时候，他也总是很积极、乐观地面对问题。所以我有时候在自己遇到一些事情想不开、比较郁闷的时候，我会刻意地向他学习，就是尽量尝试往好的方面想，让自己开心起来，先把情绪调整好，然后积极想办法解决问题，而不是一味地陷在自己的情绪里面出不来。我觉得这点是在我领导身上学得特别好的一点。	团队消极情绪 领导调节员工情绪 领导积极、乐观面对问题 员工向领导学习 员工主动调节消极情绪 员工避免沉浸消极情绪
Q：关于领导的情商我们先了解到这里。您觉得您在工作中的工作投入水平如何？	
A：我觉得还可以吧，我还挺喜欢这份工作的，跟领导、同事们的关系也比较好，工作的时候挺开心的，再加上我自己也属于比较积极上进的人，所以我工作的时候还是比较投入的，会专注于工作，努力完成自己分内的工作任务。	员工与领导、同事关系好 员工开心工作 员工工作投入

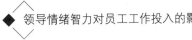

续表

1号访谈对象原始访谈资料	初始编码
Q：您是说喜欢这份工作，跟领导、同事的关系好，工作的时候开心和积极上进这些因素使您在工作中比较投入是吗？ A：可以这样说。喜欢这份工作才能心甘情愿的投入时间、精力、努力之类的，要是做不喜欢的工作，那肯定投入水平要打折扣。跟领导、同事的关系比较好的话，你会觉得自己是属于这个小团体的，你是里面的一员，所以你的工作对于这个团体是有意义的，而不仅仅是你自己的工作，所以你为了这个团队的荣誉、业绩，也会好好投入工作的。而且关系好的话，他们能给你提供很多帮助，你有什么困难都可以找他们，所以就能比较顺利地完成你的任务。如果跟领导、同事关系不好的话，你不仅得到的帮助较少，而且你还每天需要花很多心思在人际关系问题上，心很累，用到工作上的精力自然也就少了。至于工作做得开心，这个应该很容易理解，心情不好的时候肯定会分散注意力的，注意力不能集中，肯定不可能全身心投入工作。	员工喜欢这份工作 员工工作投入 员工与领导、同事关系好 员工团队身份意识 团队荣誉和业绩 领导、同事能够提供帮助 员工能够顺利完成工作 人际关系问题耗费精力 消极情绪分散注意力 员工无法投入工作

由于本书的目的是探索领导情绪智力对员工工作投入的内在影响机制，编码过程中关于领导情绪智力和员工工作投入的部分能够比较容易地识别出来，在其余编码中，有些编码表现出很强的数据包容性，具有发展成一个类属的潜质，比如上下级关系良好；还有一些编码出现的频率非常高，比如员工抑制消极情绪展现、团队互相帮助等。这些信息都为后续编码提供了一些重要的分析方向。

3.3.2 聚焦编码

在聚焦编码阶段，要求判断哪些初始编码最能敏锐地、充分地分析数据，选择那些最重要的和/或出现最频繁的初始编码来对大部分数据进行分类、整合和组织，将这些编码作为最有意义的编码，或者是从一些编码中提炼共同的主题和模式作为分析性概念。简而言之，即通过聚焦和选择，将初始编码类属化，把最重要的类属作为理论中的重要概念。

在扎根理论中非常强调使用不断比较的方法（Constant Comparatwe Methods）进行分析，因此在聚焦编码阶段本书不断在资料和初始编码以及各初始编码间进行循环往复地比较，既在同一个访谈对象的资料中比较初始编码，也在不同访谈对象的访谈资料中进行比较，寻找所有访谈资料中最有意义、最能反映资料本质的编码，然后将其类属化。

在前期聚焦编码的过程中，除了访谈中直接涉及的领导情绪智力和员工工作投入，逐渐浮现出两类编码引起本书的注意，即人际关系和员工的情绪和情绪调节行为相关的代码，两类编码涵盖了大量初始编码，且出现频率非常高，所有访谈对象都有提及。本书将这两类编码确立为初始的类属，并注意通过后续的理论抽样发展和完善这两个类属，同时对类属保持开放性，注意寻找更多的类属。通过对原始资料、初始编码和初始类属的不断比较、聚焦与选择，本研究最终提炼出了 7 个类属，分别为领导情绪智力、工作投入、领导—成员交换、团队—成员交换、浅层扮演、深层扮演和真实表达。表 3-4 展示了聚焦编码结果（限于篇幅，每个类属仅展示 2~3 条代表性语句）。

表 3-4　聚焦编码

类属	高频次初始编码	代表性原始语句
领导情绪智力	情绪稳定、情绪积极、控制自身情绪、识别员工情绪、调节员工情绪、调动工作热情、社交能力强、积极建设团队关系	我们领导的情绪很稳定，很积极很乐观；领导会关心我们的情绪；会把大家的情绪迅速调整好；我们领导非常擅长处理人际关系问题，人脉广阔，在公司如鱼得水
领导—成员交换	感激领导、回报领导、信任领导、领导积极解决问题、领导主动提供帮助、上下级关系良好	我们领导跟我们像朋友一样，很亲近，没有那么强的距离感；工作上遇到困难的时候领导会帮助我们解决问题；他和我们部门整体上关系都挺好的
团队—成员交换	团队氛围良好、团队互相帮助、团队关系融洽、团队互相信任、知识技能共享、团队身份意识	我们部门整体上关系挺融洽的；同事之间会互相帮助；我们团队很团结，大家拧成一股绳；工作上有什么问题请教同事，都会得到答复；我们团队的整体氛围很好
员工浅层扮演	员工抑制消极情绪展现 员工伪装积极情绪	感觉自己每天都在演戏；工作的时候经常强颜欢笑；即使不开心也不能表现出来；一直在压抑自己
员工深层扮演	员工主动调节消极情绪 员工避免沉浸消极情绪	尝试往好的方面想，让自己开心起来；心情不好的时候我会尽量自己调节好

续表

类属	高频次初始编码	代表性原始语句
员工真实表达	员工积极情绪展现	你也会不自觉地跟着变得乐观热情起来；工作的时候挺开心的；我都是比较积极乐观的，情绪上压力比较小
员工工作投入	员工工作投入	注意力都集中在工作上；认真工作的时候感觉时间过得特别快；我工作中大部分时间都是精力比较旺盛的；我会花很多精力和心思在工作上

领导—成员交换和团队—成员交换分别衡量的是上下级之间以及团队成员之间交换关系的质量。浅层扮演、深层扮演和真实表达是员工为了应对组织中的情绪要求而进行的情绪劳动的三种策略，真实表达是指员工内心的情绪体验与组织的情绪展现规则一致，真实、自然地表达出自己的情绪，而当个体察觉到自己的情绪体验与组织展现规则不一致时，就要进行情绪扮演，当员工仅对自己情绪的外部表现如表情、姿势、语调进行调整时，就是浅层扮演，当员工主动通过自我说服、想象、重新评价等手段唤起并呈现与组织要求一致的情绪时，就是深层扮演。

3.3.3　理论编码

通过聚焦编码形成了类属，理论编码过程就是让这些类属之间可能的关系具体化，进而使分析性故事理论化。通过对资料、编码与类属之间关系的反复比较、归纳与分析，展现类属之间的关系，从而形成一个完整的理论框架。理论编码过程如表3-5所示。

表3-5　理论编码

影响机制	代表性语句
直接影响	工作氛围比较好，工作的时候心理上比较轻松，能够专注于工作；他很善于激发我们的斗志，调动大家的工作热情，所以我们工作起来也比较卖力；他会注意到我的负面情绪，主动关心，那我当然也会用心工作，回报领导的关心

续表

影响机制		代表性语句
减少资源消耗机制	减少浅层扮演	现在这个领导就不会制造那么多麻烦让人焦虑，每天强颜欢笑真的影响工作状态；我上一任领导待人非常苛刻，我每天都很痛苦，每天都心力交瘁，相比之下现在的领导就好多了，他比较和善宽容
	增加深层扮演	我会刻意向他学习，尽量尝试往好的方面想，让自己开心起来，才能好好投入工作；受他的影响，我现在遇到问题的时候也不会那么焦虑了，会尽快把情绪调整好，然后积极想办法解决问题
	增加真实表达	他挺感染我的，你看他每天都是很热情很乐观的，你也会不自觉地跟着变得乐观起来；来到新领导这里以后，每天工作的时候都是开心的；领导经常赞赏、表扬我们，被表扬的时候就很开心，然后会更努力投入工作
增加资源供给机制	提升领导—成员交换	我们领导比较擅长跟人打交道，和我们部门同事整体上关系都挺好的；领导很支持我们的工作，有什么困难和问题领导都会积极协助解决；领导很尊重我，也信任我，让我觉得自己很重要，所以我在工作中也是花了了很多精力和心思的，希望不辜负领导
	提升团队—成员交换	我们领导经常鼓励我们同事之间互相帮助、团结一致，所以我通常都能顺利完成任务；他善于调控整个部门的关系和氛围，我们整个部门都是比较友好、和谐的，所以我工作的人际环境是比较好的，不需要为人际关系分散太多精力；在领导的带动下我们团队越来越像一个集体，在这样的团队里让人有一种归属感，工作也更有动力

通过对概念间关系的梳理，本书认为高情绪智力的领导者能够提升员工的工作投入水平，并进一步挖掘出了领导情绪智力影响员工工作投入的两种机制：优化员工情绪劳动策略从减少员工资源消耗机制和提升领导—成员交换及团队—成员交换，从而为员工增加关系资源的供给机制。

（1）领导情绪智力与员工工作投入。本书通过理论编码发现，高情绪智力的领导者能够提高员工的工作投入水平。高情绪智力的领导者更清楚情绪对员工的影响，因此会积极对员工情绪进行管理，尤其是对员工消极情绪的关注，领导者这种积极情绪管理者的角色会激发员工的感激，从而使员工在工作中更加投入，如访谈对象表示"他会注意到我的负面情绪，主动关心，那我当然也会用心工作，回报领导的关心"。此外，高情绪智力的领导者善于使用支持、鼓励性的语言激发员工的工作动机，从而使员工的工作投入水平更高，如访谈对象表示"他很善于激发我们的斗志，调动大家的工作热情，所以我们工作起来也比较卖力"。

基于以上分析，本书提出如下命题：

命题1：高情绪智力的领导者能够提升员工工作投入水平。

（2）领导情绪智力通过减少资源消耗机制促进员工工作投入。本书在编码过程中发现高情绪智力的领导者对员工的另一个重要影响是其日常言行，如关心员工情绪、赞赏员工、激励员工、鼓励式的反馈等，通常能够激起员工更多的积极情绪，如开心、乐观、热情、感激等，员工内心真实的情绪体验与组织的情绪展现规则一致，因此员工会呈现较多的情绪劳动自动化形式—真实表达，如访谈对象表示"领导经常赞赏、表扬我们，被表扬的时候就很开心"。而当员工产生消极情绪，需要进行情绪扮演时，对领导情绪智力评价较高的员工会展现一种社会学习行为，高情绪智力的领导者对情绪的调控能力能够起到一种榜样示范作用，员工受领导者的影响，会更多地主动调节自己内心的消极感受，使自己内心真实的情绪体验由消极变为积极，而非仅仅是在互动过程中伪装出一副笑脸，如访谈对象表示"会尽快把情绪调整好，然后积极想办法解决问题"。相反，低情绪智力的领导者不仅较少激起员工产生积极情绪，反而容易因其不恰当的言行，如辱骂、人身攻击等，引发员工产生消极情绪，如愤怒、压抑、焦虑、痛苦等，此时员工需要进行情绪调节的情况就会大大增多，而真实地表达行为则会较少。

当员工频繁进行浅层扮演时，由于其需要压抑内心真实的消极情绪，同时还要在外表伪装出积极情绪，这种情绪的内外不一致会给员工造成压力，消耗员工大量心理资源，使员工的工作投入水平较低，如有访谈对象表示感到"心力交瘁""整个人无精打采、没有活力""无法专心工作"等。而当员工进行更多真实表达和深层扮演时，员工则有较高的工作投入水平，如访谈对象表示"让自己开心起来，才能好好投入工作""被表扬的时候就很开心，然后会更努力投入工作"。

基于以上分析，本书提出如下命题：

命题 2：高情绪智力的领导者能够优化员工的情绪劳动策略，即减少员工浅层扮演，增加员工深层扮演和真实表达，使员工较少地遭受浅层扮演的消耗，更多地享受深层扮演和真实表达的益处，从而使员工能够维持高水平的工作投入。

（3）领导情绪智力通过增加资源供给机制促进员工工作投入。通过理论编码本书发现，高情绪智力的领导者通常都展现出较高的社交技能，善于与员工建立良好的关系，且能够与团队中大部分员工都形成高质量的交换关系，如访谈对象表示"我们领导比较擅长跟人打交道，和我们部门同事整体上关系都挺好的"。与领导者的亲密关系一方面能够使员工获得一种归属感，这种归属感能够起到内部动机的作用，使得员工愿意投身于工作当中，如访谈对象表示"领导很尊重我，也信任我，让我觉得自己很重要，所以我在工作中也是花了很多精力和心思的"。另一方面在高质量的领导—成员交换关系中，员工往往能得到来自领导者更多的帮助与支持，如及时的反馈、职业晋升机会、工作自主性等，这为他们出色的完成工作任务提供了实质性的帮助，因此他们更容易展现出高水平的工作投入，如访谈对象表示"领导很支持我们的工作，有什么困难和问题领导都会积极协助解决"。总结而言，高情绪智力的领导者能够与员工建立高质量的交换关系，员工从这种交换关系中能够获得更多的资源，资源的动机作用使员工展现出高水平的工作投入。

此外，本书还发现，高情绪智力领导者不仅将社交技巧应用于与团队成员建立良好关系上，还应用于引导团队成员间形成良好关系上。高情绪智力的领导者会有意在团队中营造公平、和谐、互助的氛围，引导团队成员之间互相信任、互相帮助，因此团队成员之间的关系也较为亲密，如访谈对象表示"我们主管为了让我们合作更顺利，经常带我们团建""他善于调控整个部门的关系和氛围，我们整个部门都是比较友好、和谐的"。而员工也能够从与团队成员的高质量交换关系中获益，一方面团队成员间的良好关系能够使员工获得归属感，同时对自身团队成员身份的认知较高，因此也会在工作中更加投入，如访谈对象表示"在这样的团队里让人有一种归属感，工作也更有动力"。另一方面员工能够从团队成员中获得很多日常性的帮助与支持，也会使员工更有动力积极投身于工作，如访谈对象表示"我们领导经常鼓励我们同事之间互相帮助、团结一致，所以我通常都能顺利完成任务"。总体而言，高情绪智力的领导者能够提升团队成员间的交换关系，员工从这种高质量的交换关系中能够获得更多的资源，从而展现出高水平的工作投入。

基于以上分析，本书提出如下命题：

命题3：高情绪智力的领导者能够提升领导—成员交换和团队—成员交换质量，通过横向和纵向关系资源的供给提升员工工作投入水平。

通过理论编码，本书对领导者情绪智力对员工工作投入的影响机制进行了探索性解释，如图3-1所示。

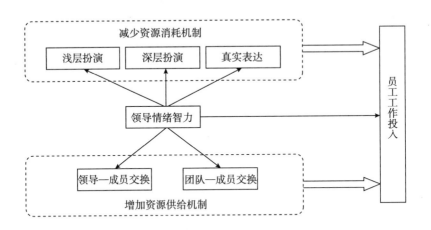

图3-1 领导情绪智力对员工工作投入的影响机制模型

3.3.4 理论饱和度检验

建构主义扎根理论研究方法的理论饱和度检验标准是：当收集新鲜数据不

再产生新的理论见解时，也不再能揭示核心理论类属新的属性时，类属就饱和了，可以停止进行抽样了。本书在对收集到的第 20 名员工的访谈资料进行分析后发现，提炼出的初始编码、类属以及类属之间的关系没有发现新的特征。此外又继续寻找了 2 名符合访谈标准的员工进行了半结构化访谈，通过编码分析也没有发现新的类属和类属间关系，基本证明本书构建的理论是饱和的。此外，本书还另外寻找了 3 名符合筛选标准的企业员工，将研究结果与之分享，请他们对研究结果的准确性和有效性进行客观评价并提出建议，帮助本书进一步完善和确认了研究结果。

3.4 研究发现与讨论

3.4.1 研究发现

探索性研究的重要贡献在于发现了领导情绪智力通过减少资源消耗机制的止损效应和增加资源供给机制的增益效应提升员工工作投入水平。

3.4.1.1 减少资源消耗机制

高情绪智力的领导者，在日常管理活动中展现出更多恰当的言行，能够激发员工产生更多的积极情绪，同时也能抑制容易引起互动对象消极情绪的破坏性言行，从而使员工有更多的机会进行真实表达，而无须进行情绪扮演。同时，领导者展现的高情绪智力能够对员工起到榜样示范作用，当员工产生消极情绪时，会向领导者学习，更多地进行深层扮演。简而言之，高情绪智力的领导者能够优化员工的情绪劳动策略，即减少员工的浅层扮演，增加员工的深层扮演和真实表达行为，使员工较少地遭受浅层扮演对个体关键资源的消耗，更多地享受深层扮演和真实表达的益处，从而使员工有足够的资源维持高水平的工作投入。

3.4.1.2 增加资源供给机制

高情绪智力的领导者拥有更高的社交技巧，善于展示支持型行为，主动关心和照顾员工情绪等行为，能够与员工形成高质量的交换关系。此外，高情绪智力的领导者还会主动进行团队关系建设，注意在团队中营造和谐氛围，妥善处理团队内部矛盾与冲突等，从而使团队成员间形成高质量的团队—成员交换关系。高质量的领导—成员交换关系和团队—成员交换关系能够使员工获得归属感，形成身份认同和情感认同，同时促进人际关系的资源同化过程，即当员工与领导者和团队成员关系越亲密，越能同化领导者和团队成员拥有的资源，这些资源能够提升员工的内部动机和外部动机，从而使员工保持高水平的工作投入。简而言之，高情绪智力的领导者能够提升领导—成员交换和团队—成员交换，通过增加纵向关系和横向关系资源的供给促进员工工作投入。

3.4.2　讨论

探索性研究的主要发现与工作要求—资源模型一项正在发展中的假设一致，即领导者在塑造着员工的工作特征（工作要求与工作资源状况），进而对员工产生影响，如 Fernet 等[37] 的研究发现变革型领导行为会导致工作要求（认知、情绪和生理要求）的减少和工作资源（参与决策、工作认可、关系质量）的增加，进而间接促进员工积极工作态度和高工作绩效的产生。本书通过探索性的质性研究发现，领导者情绪智力也能够塑造员工的工作要求和工作资源状况，进而对员工工作投入水平产生影响，对工作要求的塑造体现在领导情绪智力能够影响员工为应对组织的情绪要求而进行的情绪劳动，对工作资源的塑造体现在领导情绪智力能够为员工增加纵向和横向关系资源的供给，通过减少情绪要求引起的资源消耗和增加关系资源的供给，影响员工的资源水平，进而影响员工的工作投入水平。这一研究发现为工作要求—资源模型这一发展中的假设提供了初步的证据支持，同时也将以往研究中考虑的领导者因素由领导行为风格扩展到了领导情绪智力，为这一假设的丰富做出了贡献。

本书深入我国企业管理实践，以 22 名企业员工为研究对象，采用半结构化访谈的方式收集一手资料，基于建构主义扎根理论方法，通过初始编码、聚焦编码、理论编码三阶段编码分析过程，探索领导情绪智力对员工工作投入的影响机制，研究结果发现领导情绪智力通过减少资源消耗机制的止损效应和增加资源供给机制的增益效应共同影响员工工作投入水平，构建出了符合我国企业管理实践的领导情绪智力对员工工作投入的影响机制模型，具有重要的理论价值和实践指导意义。但作为一项探索性研究，所得研究结论的可靠性、普遍性和适用性仍需进一步论证。目前通常采用实证研究方法对理论进行检验，本书在梳理以往研究时，未发现有对本书所得理论模型和命题提供直接证据的实证研究，本书还将进一步依据已有理论和相关研究成果对理论模型和初始命题进行严谨、详细的理论分析，将初始命题转化为可检验的研究假设，然后采用实证研究方法对假设进行检验，以验证这一影响机制的可靠性和普适性。

第4章　领导情绪智力影响员工工作投入的减少资源消耗机制研究

根据工作要求—资源模型，工作对员工生理、心理、情绪等方面的要求会持续消耗员工拥有的工作资源和个体资源，使员工的资源投入—获得比失衡，进入资源耗竭状态，从而导致员工出现负性结果。情绪要求是工作要求中重要的一方面，员工为应对组织的情绪要求需要进行情绪劳动。情绪劳动研究起源于服务行业，然而随着情绪劳动理论的发展，理论界和实践界都逐渐意识到，工作场所是一个饱含情绪的场所，情绪劳动并非服务型组织中的独特现象，而是存在于各个行业与职业[195]，是所有类型组织生活中的重要组成部分[196]。在非服务型组织中，员工的主要接触对象不是外部顾客，而是组织内部顾客——领导和同事[197]。许多岗位的日常工作涉及大量与内部顾客的互动[198]，与领导、同事互动过程中的情绪展现也会对互动关系的质量、互动对象的态度与行为、互动双方的长期关系等产生影响[199]，也属于情绪劳动的范畴。研究发现，不管是一线员工还是非一线员工，都曾在几乎2/3的工作场所交流过程中抑制或伪装自身情绪[200]。与内部领导和同事互动过程中的情绪劳动频率与一线员工和外部顾客接触过程中的情绪劳动频率是极为相近的，前者甚至更高[201]。而学者和组织管理实践者也逐渐发现向领导和同事展现积极的情绪有很多潜在益处，如有利于增加有效率的工作行为和促进合作[202]。因此，组织越来越倾向于鼓励员工控制他们的感受和情绪展示，在团队中展现更多的积极情绪[117]，且已经有许多组织对如何对待同事有了明确的要求和准则，成为了其组织文化的一部分。由此可以看出，当前环境下员工面临越来越高的或显性或隐性的情绪要求，情绪劳动已成为一种重要且广泛的劳动形式。

员工进行情绪劳动时可采取三种策略：浅层扮演、深层扮演和真实表达。每种情绪劳动策略的资源消耗水平不同，后续也会有不同水平的资源补偿，因此对员工会产生不同的影响。通常认为，浅层扮演需要消耗更多的资源，且无法获得资源补充，更容易导致资源耗竭状态，因此对员工更多地产生消极效应，如情绪耗竭、去个性化、工作压力的增加和工作满意度的降低等[203]。而深层扮演和真实表达需要消耗的资源较少，且后续获得资源补偿的机会较多，因此对员工更多地产生积极效应，如工作成就感和工作满意度的提高、积极情感的增加、工作绩效的增长和工作退缩行为的减少等[195]。

探索性研究发现领导情绪智力较高时，员工在工作中有更多积极情绪的真实表达，而当员工情绪体验与组织情绪展现规则不一致时，员工倾向于表现出更多的深层扮演行为，较少地进行浅层扮演，如此员工便能较少地经历浅层扮演对个体资源的消耗，而更多地享受深层扮演和真实表达的益处，从而能够拥有足够的资源维持高水平的工作投入。接下来，本书将对这一过程进行系统的理论解释，提出研究假设，对领导情绪智力影响员工工作投入的减少资源消耗机制进行实证检验。

4.1　研究假设

4.1.1　领导情绪智力与员工工作投入

领导者应该是团队情绪的主动管理者[204]，实际上员工对其领导者也有同样的期望[205]。日常工作场所中的事件会引发出积极或消极情绪[206]，而领导者的一个重要职能就是减少员工工作中遇到的麻烦从而缓解其负面情绪[207]。高情绪智力的领导者通常会主动承担起情绪管理者的角色[208]，对下属的情绪和感受更加敏感，能够及时识别员工情绪的变化，帮助员工解决工作中遇到的问题以缓解或消除其负面情绪。根据角色期望理论[209]，当高情绪智力的领导者满足了员工的角色期望，员工就会产生一种责任义务感[210]，这种责任义务感驱使员工更加主动、全身心地投入到工作当中，以满足领导者对自己的期望。此外，高情绪智力的领导者还善于使用充满激情和鼓励性的语言，激发员工的斗志，调动员工的工作热情，提高员工的工作动机，使员工自发地努力投入到工作当中。

综上所述，本书提出以下假设：

假设4-1：领导情绪智力对员工工作投入具有显著正向影响。

4.1.2　情绪劳动策略的中介作用

在工作场所中，员工的情绪表现会受到各种正式或非正式、显性或隐性的情绪展现规则的约束，这些情绪展现规则可能源于组织的要求、期望或者职业规范，也可能来自某种特定的情感文化[211]。当员工内心的真实情绪体验与这些展现规则不符时，就需要采用情绪调节的方式，改变自己的情绪表现或者情绪体验，使之与组织要求相符；当员工内心的真实情绪体验与展现规则相符时，也需要将这些情绪真实地表现出来，这便是情绪劳动。员工可采取三种不同的策略进行情绪劳动：浅层扮演、深层扮演和真实表达[118]。浅层扮演是指个体察觉到自己的情绪体验与组织展现规则不一致时，对自己情绪的外部表现如表情、姿势、语调进行调整，以展现符合组织要求的情绪。深层扮演是指个体察觉到自己的情绪体验与组织的展现规则不一致时，通过自我说服、想象、重新评价等手段唤起并呈现与组织要求一致的情绪。真实表达是指个体内心的情绪体验与组织的展现规则一致，真实地表达出符合组织要求的情绪。

4.1.2.1　领导情绪智力与员工情绪劳动策略

组织最期望员工采取的情绪劳动策略依次为真实表达、深层扮演和浅层扮演。由于员工进行真实表达的前提是其内心的情绪体验与组织要求的积极情绪是一致的，因此只有当员工在工作过程中能更多地处于积极情绪当中才能更多地进行真实表达。高情绪智力的领导者能够利用其情绪管理能力减少员工产生消极情绪的可能性，并促进员工积极情绪的产生，使员工在工作过程中拥有更多积极情绪，从而增加员工进行真实表达的机会。

《中国青年报》曾经报道，有83.7%的受访者表示，"如今上下级关系最难处"[212]。在我国，员工在面对权力地位较高的领导，特别是当遭遇到来自领导的责难等时，将面临调节负面情绪的压力[213]。有研究表明来自领导者的无礼或侮辱性行为是导致员工产生屈辱、愤怒等消极情绪的最重要的原因之一[214]，工作场所中的愤怒事件有1/4来源于领导者的人身攻击或无礼言行[215]。高情绪智力的领导者更清楚组织中情绪和情绪管理的重要性，对哪些工作事件容易引起哪些情绪，又会产生何种后果也有更清晰的认识，因此，会在日常管理活动中格外注重自身和员工情绪的管理。高情绪智力的领导者在情感上更加成熟，擅长以机智、恰当的方式与员工进行互动与交流，能够有效克制与避免无礼或侮辱性的行为。这些都十分有利于减少员工因不恰当的领导行为而产生消极情绪的可能性，从源头上避免或减少员工因领导者原因而需要进行情绪调节的情境发生。

同时，高情绪智力的领导者还能够利用其社会关系处理能力妥善处理团队成员之间的矛盾和冲突，在团队中营造融洽、和谐的人际氛围，加强团队成员之间的交流、合作、信任与认同，从而减少员工因与其他团队成员的互动冲突而产生负面情绪的可能性。此外，高情绪智力的领导者还擅长利用其情绪敏感性和社会技巧在团队中营造公平氛围，抑制不公平感[110]；合理安排任务并及时根据员工情绪的反应进行调整，以避免任务过载或角色压力过大而引起消极情绪的产生[216]。

除了避免或减少消极情绪的产生，高情绪智力的领导者还能够促进员工积极情绪的产生。高情绪智力的领导者善于控制、调节自身情绪，使自己在积极的情绪当中开展工作，这种积极情绪可以感染其他团队成员。同时，高情绪智力的领导者对自身和他人的情绪更加敏感，更擅长照顾和关心他人，擅长采取支持型行为，善于展现对员工的尊重和对员工需求的关怀，倾向于经常赞扬、赏识员工。高情绪智力领导者的这些日常言行虽然看似微不足道，但却比那些传统奖赏（如升职、加薪）更能够激发员工积极情绪的产生[217]。

总之，高情绪智力的领导者能够有效减少消极情绪的产生，促进积极情绪的产生，使员工能够更多地保持积极的情绪状态，如此在与组织内外部顾客的互动过程中，员工便无须进行伪装与扮演，而是有更多的机会进行真实表达。

虽然如此，工作场所中消极情绪的产生仍是不可避免的。当员工产生消极情绪与组织的情绪展现规则发生冲突时，就需要进行浅层或深层扮演。高情绪智力的领导者能够引导员工优先进行深层扮演，减少浅层扮演。如前所述，高情绪智力领导者的关心和照顾员工，为员工提供必要的社会支持，尊重、赏识员工等一系列行为，能够使员工感知到自己是被关怀、被尊重、被重视的。根据社会交换理论，这些感受会增强员工的回报义务感，员工愿意付出更多的工作努力来回报领导。当员工的情绪体验与组织的展现规则不一致，且需要进行情绪调节时，员工更倾向于调节自己内心的真实情绪体验，使之符合组织要求，而非敷衍了事，仅仅靠外部伪装来应对组织的情绪要求。

同时，高情绪智力的领导者善于识别、控制和调节自身情绪，使自己在积极饱满的情绪中开展工作；在面对影响团队的重大负面事件时，也能保持镇静，启发团队从积极、乐观的角度来看待问题。根据社会学习理论，个体的多数行为是通过观察别人的行为和行为结果而学得的。高情绪智力领导者的这种情绪表现使其成为员工的榜样，对员工的情绪调节起到正向的示范、引导作用，员工在耳濡目染中会倾向于向榜样靠拢，在面对消极情绪时努力进行内在调节，而非仅仅将负面情绪隐藏在僵硬的笑脸之下。

另外，高情绪智力的领导者善于诠释工作和组织的意义，能够让团队成员充分地感受到工作的价值，擅长使用振奋人心、充满希望的语言激发员工动机，因此高情绪智力领导者的团队成员在面对消极情绪时会有更强烈的动机进行深层扮演。

最后，高情绪智力的领导者在管理员工消极情绪时，并非只是简单地试图通过分散注意力或直接要求员工抑制消极情绪的表达来解决问题，而是深入分析引起员工消极情绪的根源并进行情境修正，或是引导员工进行认知重评，来帮助员工消除负面情绪，唤起积极情绪。

总结而言，高情绪智力的领导者能够为员工创造更多真实表达的机会，擅长激励、引导员工进行情绪劳动时更多地进行深层扮演，减少员工进行浅层扮演的频率。

综上所述，本书提出以下假设：

假设 4-2a：领导情绪智力对浅层扮演具有显著负向影响。

假设 4-2b：领导情绪智力对深层扮演具有显著正向影响。

假设 4-2c：领导情绪智力对真实表达具有显著正向影响。

4.1.2.2　员工情绪劳动策略与工作投入

不断积累的情绪劳动研究成果表明，情绪劳动是一把"双刃剑"，不同的情绪劳动策略通过不同的机制对员工产生迥异的影响。浅层扮演对员工的心理健康、态度与行为等一系列结果变量呈现出相对一致的消极效应，是情绪劳动的阴暗面；而深层扮演和真实表达则相反，是情绪劳动的阳光面[199]。

一是浅层扮演。当员工进行浅层扮演时，改变的仅仅是情绪的外部表现，如语调、表情等，并没有改变内心真实的情绪体验，涉及抑制消极情绪与伪装积极情绪两个过程[218]，整个过程伴随着大量资源的消耗。

首先，浅层扮演属于一种情绪调节行为，任何形式的情绪调节行为都需要消耗个体的情绪资源、认知资源（如努力、注意力）和动力资源（如能量、毅力)[219]。除了这些正常消耗，浅层扮演还会造成一些额外的资源消耗。由于员工内心真实的情绪体验与其想要表现得情绪是不一致的，整个浅层扮演过程中员工需要持续、努力地监控自己的语言、面部表情、语调等是否与他想要表达的情绪相吻合，而自我控制是一种稀缺的、易耗的内在资源，因此这种持续的控制自我情绪会消耗员工大量的资源[220]。

其次，浅层扮演会造成员工内心真实的情绪体验和外在的情绪表现不一致，这种感受和表达的分离称为情绪失调，情绪失调会在心理和生理上对员工造成压力：抑制消极情绪并伪装积极情绪会使员工产生不真实感。实际上，个体并不喜欢伪装情绪，频繁地伪装情绪使员工产生背离感，威胁员工的自我真实感，在心理上给员工造成内在压力和紧张感。同时，伪装情绪在生理上也会给员工造成一系列的应激反应，压力会导致员工身体内部紧张，导致生理和免疫系统功能下降[221]。情绪的内在体验和外在表达是具有先天一致性的，抑制已经体验到的消极情绪而不表现出来，意味着正常的外导通路被阻断，会给个体的神经系统带来额外的负担[222]。员工在持续自我监控的同时还要承受心理和生理上的巨大压力和负担，这又会造成大量资源的消耗。

最后，浅层扮演的员工还要承受互动对象可能给出消极反馈的外在压力。情绪具有社会功能，在人际互动过程中传递着丰富和重要的信息。个体在表达情绪的同时，也在监控和解释着互动对象的情绪。因此，员工在人际互动中的情绪表现会影响到互动对象的情绪体验，并进一步影响其情绪表现。而互动对象的情绪表现又会反馈给员工，反过来影响员工的情绪体验，进而形成情绪上的互动现象[211]。Grandey 等[223] 的研究表明，互动对象能够通过面部表情的细微变化判断出对方情绪表现的真伪，并对真实的情绪表现做出积极的回应，而对虚假的情绪表现做出消极回应。由于采取浅层扮演策略的员工表现出的情绪是虚假的，一旦被互动对象识破很可能造成互动对象的反感和不满，进而导致其给予消极的反馈，如冷漠、气愤、指责等。而这种消极反馈作为一种人际冲突，形成新的外部压力源，可能导致员工产生挫败感和自我否定，从而带来额外的心理消耗。同时，人际互动过程中一些潜在的资源补偿通道（如积极的情绪反馈、社会性称许等）也因员工的虚假表现无法开启。

总之，采取浅层扮演策略的员工需要投入资源进行浅层扮演，同时还要持续不断地投入大量资源应对由此带来的内在和外在压力，且丧失了从人际互动过程中获得资源补偿的机会。资源入不敷出，持续递减，员工用于投入后续工作的资源越来越少，最终将导致员工高水平的工作投入难以为继。

综上所述，本书提出以下假设：

假设4-3a：浅层扮演对员工工作投入具有显著负向影响。

二是深层扮演。不同于浅层扮演，深层扮演的状况则要乐观得多。深层扮演过程中也需要员工持续不断地对自己的情绪体验是否与组织展现规则一致进行自我监控，并对情绪表现进行修饰与调整，因此也需要消耗个体的情绪资源、认知资源和动力资源等。此外，虽然深层扮演不涉及压抑与伪装的过程，但是进行深层扮演所采取的自我说服、想象、重新评价等手段也是需要员工投入大量资源的[224]。启动自我说服、想象、重新评价等复杂的认知活动需要调用大量的动机资源，维持认知活动过程中还需要调用注意力、知识和能力等资源，因此深层扮演也是一种需要耗费大量内在资源的情绪调节行为。

然而，深层扮演与浅层扮演还有着两点重要的区别，使其虽然也需要消耗资源，但最终对员工工作投入的效应是积极的。

首先，采取深层扮演策略的员工改变的不仅仅是外在的情绪表现，而是自己内心真实的情绪体验，调整后员工内心的真实情绪体验和外在的情绪表现达成一致状态，都是符合组织要求的积极情绪，使员工最初的情绪失调感显著降低，员工也就无需为应对情绪失调造成的紧张感和内在压力付出额外的资源。同时，根据面部反馈假设，内在情绪体验与外显表情之间不但存在前述外导通路，外显表情对个体还提供本体的、皮肤的或者内脏的反馈，这种反馈又会影响到内在情绪体验。当员工采取深层扮演策略唤起并展现出积极情绪时，这种外在积极情绪表现会进一步触发或增强员工内心的积极情绪体验[222]。积极情绪的成功唤起与强化能够给予员工成就感和认同感，这对员工来说是一种新生的心理资源[225]。因此，采取深层扮演策略的员工不仅无需承受情绪失调的消耗，还会获得一定新生的心理资源。此外，积极情绪的唤起还能够引起外周生物上的激活，使员工后续可调动的生物能量更多[224]。

其次，采取深层扮演策略的员工能够从互动对象的积极反馈中获得更多资源补偿机会。当深层扮演时员工向互动对象展现出的热情、关心、同情等积极情绪源自于内心的真实体验，更具有真实性，更可能与互动对象孕育出积极的互动关系，获得互动对象的积极反馈，如社会性称许、积极的情绪反馈、感谢等[226]。根据资源保存理论，有益的社会关系是个体获得资源补偿的重要途径[227]。不仅如此，获得互动对象的积极评价还能进一步帮助个体建立自我肯定，体验到更高的任务有效性、对工作的掌控感，这又是一种心理资源的获得。由此，深层扮演过程中的资源消耗能够通过以上途径获得有效补偿，资源得以不断积累，员工拥有足够的资源投入到后续工作当中，能够维持高水平的工作投入。

综上所述，本书提出以下假设：

假设4-3b：深层扮演对员工工作投入具有显著正向影响。

通过上述分析可知，深层扮演的确益处良多，是比浅层扮演更为有效的情绪劳动策略，然而深层扮演对于员工来说是否多多益善呢？相关研究结果表明，事实并非如此。Bozionelos和Kiamou[228]发现，当深层扮演单独作用于情绪耗竭、组织承诺时，影响并不显著，但深层扮演与情绪劳动强度的交互作用对员工情绪耗竭和组织承诺皆有显著影响。这表明低强度的深层扮演对员工没有消极影响，但高强度的深层扮演却如浅层扮演一样，也会因过度消耗资源引发员工情绪耗竭。因此，深层扮演虽然可取，但并非组织最期望员工采取的情绪劳动策略，实际上，真实表达才是三种情绪劳动策略中最理想的选择[118]。根据资源保存理论，当个体应对工作要求时，无论采取何种策略都会消耗一定的资源。真实表达虽然是一种真实情绪体验的自然流露，比较像是情绪工作的

自动化形式[229]，但仍需要付出一定努力使其内心的真实情绪体验以符合组织
要求的方式表达出来，只是其努力程度远远小于浅层扮演和深层扮演[230]。然
而除了需要耗费少量生理与认知资源外，真实表达带给员工更多的是益处。员
工进行真实表达时所表现出的积极情绪是真实的、发自内心的，因此同深层扮
演一样，也能够从互动对象的积极反馈中获得更多的资源补偿机会。总的来
说，真实表达既能保持内在情绪体验与外在情绪表现的一致，又符合组织的情
绪展现规则，不需要耗费太多的生理与心理资源，还能够获得更多的资源补偿
机会。因此，真实表达是比浅层扮演和深层扮演效果更佳的策略[231]，员工采
取真实表达的频率越高，对员工工作投入的效果就越好。

综上所述，本书提出以下假设：

假设 4-3c：真实表达对员工工作投入具有显著正向影响。

4.1.2.3 情绪劳动策略在领导情绪智力与员工工作投入间的中介作用

根据以上理论推导与相关研究结论，本书认为，高情绪智力的领导者通过
激励、引导员工采取更有效的情绪劳动策略来应对组织的情绪劳动要求，即增
加真实表达和深层扮演的频率，减少浅层扮演的频率，使员工较少地遭受浅层
扮演导致的资源消耗，更多地享受深层扮演和真实表达带来的资源益处，从而
使员工能够储备足够的资源维持高水平的工作投入。

综上所述，结合假设 4-2a 与假设 4-3a、假设 4-2b 与假设 4-3b、假设 4-
2c 与假设 4-3c，本书进一步提出以下假设：

假设 4-4a：浅层扮演在领导情绪智力与员工工作投入之间起中介作用。

假设 4-4b：深层扮演在领导情绪智力与员工工作投入之间起中介作用。

假设 4-4c：真实表达在领导情绪智力与员工工作投入之间起中介作用。

4.1.3 职业使命感的调节作用

虽然理论界对浅层扮演的消极效应、深层扮演和真实表达的积极效应已得
到较为一致的结论，但权变视角下的情绪劳动研究发现，情绪劳动策略影响效

应的强弱在不同情境特征下存在显著差异，员工个体特征、组织情境特征、文化情境特征等因素都可能对情绪劳动策略的影响效应产生调节作用[199]，浅层扮演的消极效应可能借助个体内在的保护机制或组织的管理干预被削弱，深层扮演和真实表达的积极效应也可能由于员工的心理特征、认知水平而得到强化。因此在进行情绪劳动策略影响效应研究时，关注可能存在的调节变量是很有必要的。

进行扎根理论研究时，有部分访谈者表示"工作内容是我喜欢也擅长的，觉得很有意义，上班让我体会到自己有价值，因此无比自驱"，虽没有足够的证据形成类属，但提炼和分析几位访谈者的相似访谈内容后，本书认为职业使命感可能对情绪劳动策略和员工工作投入之间的关系具有调节作用。职业使命感是一种常伴有命中注定感的、以利他价值观和目标为原动力的、为追求生命的目的和意义而工作的心理结构[61]。动机三要素理论认为，动机包含三个作用于行为的要素，即指向（Direction）、能量（Energy）和持续（Persistence）[232]。工作资源和职业使命感都对员工工作投入具有强烈的动机作用，工作资源属于影响员工工作投入的能量要素，而职业使命感包含通过工作造福于他人和社会的目的性，并且将这种目的视为生命的意义，因此职业使命感可以视为影响员工工作投入的指向要素。当工作要求不断消耗工作资源和个体资源时，能量要素的动机作用减弱，指向要素的存在将发挥重要作用。在资源匮乏的恶劣工作条件下，为履行使命而工作的个体不会轻易放弃，甚至不惜牺牲个人的经济利益、时间和精力等坚持工作[233]。本书中，员工为应对组织的情绪要求而采取浅层扮演策略时，随之而来的是个人认知、情绪等资源的不断消耗，且难以获得资源补偿的机会，资源持续递减。对于职业使命感较低的员工，资源的能量性动机作用减弱，而指向性动机作用也不足，员工就会缺乏动机继续投入资源到工作当中，而是倾向于保存剩余资源，因此会降低后续工作投入水平。而对于怀有较高的职业使命感的员工而言，员工为了使命而工作，在资源递减的情况下仍然会克服困难、充分调用剩余资源投入到工作当中，保持一定水平的工作投入。因此，较高的职业使命感能够削弱浅层扮演对员工工作投入的消极效应。

综上所述，本书提出以下假设：

假设 4-5a：职业使命感负向调节浅层扮演对员工工作投入的消极效应，职业使命感较低时，浅层扮演对员工工作投入的消极效应更强；反之，浅层扮演对员工工作投入的消极效应较弱。

已有研究还发现，职业使命感对资源的积极效应具有强化调节作用[61]。较高的职业使命感使个体赋予工作极强的价值感和意义感，能够促使个体更好地认识资源的内在价值和意义，更积极地调动资源投入到工作当中，进而促进资源对工作投入的积极效应。换言之，较高的职业使命感对资源的积极效应起到杠杆作用，能够提高资源转化为工作动机的效率，形成积极的强化作用[61]。反之，职业使命感的缺乏不仅使个体感受不到这些额外的价值和意义，导致资源本身的价值在某种程度上被漠视和浪费，同时个体也缺乏动力启动和调用资源投入到工作当中，而是倾向于保存资源，或是将其投资于工作以外的其他活动当中，因此将不利于工作投入的提升。在本书中，采取深层扮演和真实表达的员工将获得更多新生的心理资源，如成就感、认同感、对工作的掌控感和自我肯定等，职业使命感较高的员工能够充分调动这些新生资源积极投入到工作当中，使深层扮演和真实表达对员工工作投入的促进作用更强，而职业使命感较低的员工则可能缺乏动力充分利用这些资源，使这些新生资源被闲置，而无法转化为工作动力，使深层扮演和真实表达对员工工作投入的促进作用较弱。

综上所述，本书提出以下假设：

假设 4-5b：职业使命感正向调节深层扮演对员工工作投入的积极效应，职业使命感较高时，深层扮演对员工工作投入的积极效应更强；反之，深层扮演对员工工作投入的积极效应较弱。

假设 4-5c：职业使命感正向调节真实表达对员工工作投入的积极效应，

职业使命感较高时，真实表达对员工工作投入的积极效应更强；反之，真实表达对员工工作投入的积极效应较弱。

通过进一步分析还发现，情绪劳动策略在领导情绪智力和员工工作投入之间的中介作用还受到职业使命感的调节，表现为被调节的中介作用。具体而言，浅层扮演对员工工作投入具有消极效应，领导情绪智力通过减少员工浅层扮演的频率从而缓解其对员工工作投入的损害。但对于职业使命感较高的员工，其本身强烈的使命感具有动机作用，能够缓冲浅层扮演带来的伤害，从而使领导情绪智力对浅层扮演的抑制作用的重要性受到削弱，即职业使命感削弱了领导情绪智力通过减少员工浅层扮演从而促进员工工作投入的间接作用。此外，领导情绪智力还通过增加员工深层扮演和真实表达的频率，增加员工获得资源补偿的机会来促进员工工作投入，获得的补偿资源对高职业使命感的员工具有更高的价值和意义，因此产生更强的动机作用，高职业使命感的员工对这些资源的利用率更高，从而使领导情绪智力通过增加员工深层扮演和真实表达的频率来促进员工工作投入的间接作用得到增强。

综上所述，本书进一步提出以下假设：

假设4-6a：职业使命感对领导情绪智力通过浅层扮演促进员工工作投入的间接效应具有负向调节作用，当职业使命感较低时，这种间接效应更强；反之，这种间接效应较弱。

假设4-6b：职业使命感对领导情绪智力通过深层扮演促进员工工作投入的间接效应具有正向调节作用，当职业使命感较高时，这种间接效应更强；反之，这种间接效应较弱。

假设4-6c：职业使命感对领导情绪智力通过真实表达促进员工工作投入的间接效应具有正向调节作用，当职业使命感较高时，这种间接效应更强；反之，这种间接效应较弱。

本书的理论模型如图4-1所示。

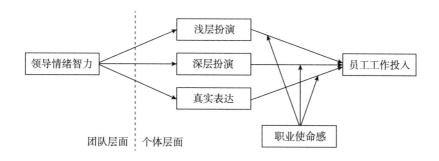

图 4-1　领导情绪智力影响员工工作投入的减少资源消耗机制模型

4.2　研究设计

科学、严谨的研究设计是整个研究过程中的重要部分，是确保研究结果与结论准确、真实、可靠的关键。本书按照规范的实证研究方法中的要求与程序，选用成熟的测量量表设计问卷，按照严密设计的流程收集数据。

4.2.1　变量测量

为保证量表的信度与效度，在对以往相关文献进行充分回顾后，全部沿用发表在权威期刊上且后续获得广泛使用的成熟量表作为初始量表。由于这些初始量表均为英文量表，需要翻译成中文后使用，翻译后的中文题项能否完整、准确地传达原英文量表的信息对于测量的有效性至关重要。为此，本书按照标准的"翻译—回译"程序对英文量表进行翻译。首先邀请两名企业管理专业的博士生将英文量表翻译成中文，其次邀请两名英语专业的博士生将中文量表翻译为英文，并与原始英文量表进行比对。经过几轮英译中、中译英之后，最终消除了转译过程中的不一致性，形成了最终的中文测量量表。所有量表全部采用李克特 5 点计分法，选项赋值分别为 1——完全不符合、2——基本不符合、3——不确定、4——较为符合、5——完全符合。

（1）工作投入：采用 Bledow 等[56]、Schaufeli 等[49] 编制的 UWES-9（Utrecht Work Engagement Scale-9）精简而成的量表。包括 5 个题项、2 个测量活力、2 个测量奉献、1 个测量专注，代表性题项如"我对工作充满热情"。

（2）情绪智力：采用 Wong 和 Law[81] 开发的情绪智力量表 WLEIS（Wong and Law Emotional Intelligence Scale）。该量表在中国文化背景下开发，广泛应用于国内外相关研究中。分为 4 个维度——自我情绪认知、他人情绪认知、情绪调节、情绪运用，共 16 个题项，每个维度由 4 个题项测量。代表性题项如"我的领导善于观察他人的情绪"。

（3）情绪劳动策略：采用 Diefendorff 等[118] 编制的量表。该量表包括 3 个维度——浅层扮演、深层扮演、真实表达，共 11 个题项。其中，5 个题项测量浅层扮演，代表性题项如"工作时为了表现出适当的情绪，我会隐藏内心的真实感受"；3 个题项测量深层扮演，代表性题项如"我会尝试去感受公司要求表达的情绪，而不仅仅是改变表情"；3 个题项测量真实表达，代表性题项如"工作时我表达的情绪是真实的"。

（4）职业使命感：采用 Dik 等[143] 开发的精简版的职业使命感量表（Brief Calling Scale）中的存在使命感量表（Presence of Calling），共 2 个题项，代表性题项如"我对我从事的工作具有使命感"。

控制变量：以往研究表明，人口统计学变量可能会对员工工作投入和情绪劳动策略具有影响，因此，本书参考相关文献，控制了团队成员的部分人口统计学变量，包括性别（采用虚拟变量记法，男为 0、女为 1）、年龄（分为 20 岁及以下、21~30 岁、31~40 岁、41~50 岁和 51 岁及以上）、学历（分为高中、中专及以下、大专、本科、硕士及以上）和工作年限（分为不满 1 年、1~3 年、3~5 年、5 年以上）。

4.2.2 研究样本的选择

本书聚焦于团队领导者的情绪智力对团队成员工作投入的影响，因此，需要以团队或部门为单位选择样本和收集数据。

为了避免由于样本所处行业有限而导致的情境限制[234]，本书选择了处于多个行业中的企业，既有房地产开发、制造、通信服务、金融等传统行业，也有信息技术等高新行业。同时，考虑到我国各区域经济社会发展不平衡，南北文化差异较大，因此尽量将调查范围扩大，以保证样本的广泛性和代表性。最终本书确定的调查范围覆盖了北京、辽宁、河北、山东、湖北、广东 6 个省市。在企业规模上，主要选择那些成立 3 年以上，员工人数达到一定规模，且发展良好的企业，这样能够在一定程度上避免非本书关注的不确定因素的影响。在团队和部门方面，主要要求成员有且仅有一个共同主管，既包括各职能部门，也包括项目团队，且成员人数不少于 3 人。由于本书中涉及情绪劳动策略这一变量，虽然有研究表明与内部顾客接触的员工进行情绪劳动的强度和与外部顾客接触的一线员工的情绪劳动强度接近，但也有研究表明与外部顾客接触得一线员工的情绪劳动强度更大。为了避免其中可能存在的差异对研究结果的影响，在选择团队和部门时，将直接服务外部顾客的一线服务部门，如销售部门、售后服务部门、客服部门，排除在调查范围之外。

此外，由于本书中涉及团队层面的构念，为确保其信度，需要保证一定数量的成员参与调研，因此，要求参与调研的部门或团队的全体成员都参与调查，如有特殊情况，要求至少 60% 以上的成员参与调查。

为避免数据全部来源于同一数据源而导致共同方法偏差及获得更为客观的数据，当前研究的主流做法是避免主体自评方式，多采用领导与员工互评的方式。因此，本书中领导情绪智力由团队成员进行评价；而本书关注的员工结果变量是工作投入，是一种情感性、动机性的工作状态，并不易于被上级主管观察，而更合适采取员工自我报告的方式，因此，员工工作投入的测量采用的是员工自评方式，这也是其他工作投入相关研究中采取的评价方式；情绪劳动策略和职业使命感也通常采取员工自评方式。因此，本书的具体调研对象为团队和部门成员，不包括其中的领导者。

4.2.3 数据收集过程

根据前述研究样本的选择标准，研究者从身边的朋友、校友、亲属中寻找符合标准且愿意协助调查的人选，通过他们联络到企业中高层管理者。研究者向企业中高层管理者说明本次调查的目的和主要研究内容，并承诺会将研究结果反馈给企业，最终有来自北京、辽宁、河北、山东、湖北、广东6个省市的12家企业同意配合调查。为避开年中、年末等业务高峰期，本书于2019年9~11月进行了数据收集工作。

具体收集过程为：研究者与各个企业指定的相关责任人就问卷调查事宜进行沟通，明确调查要求（如部门和团队人数要求、一线服务部门不在调查范围等）。企业相关责任人按照调查要求确定参与调查的团队和部门，并进行编号，然后向各个团队和部门成员发送电子问卷。为了避免社会称许性的潜在影响，电子问卷中会向受访者说明调查数据均为科学研究之用，所涉信息均会严格保密，不会对他们的工作产生任何影响；受访者填答完电子问卷后，数据会直接反馈到研究者的操作后台，请受访者放心作答。

为使变量间的因果关系更具逻辑性，同时避免共同方法偏差的影响，本书采用三个时点的纵向追踪设计进行问卷收集，每个阶段间隔1个月，每次调查都要求受访者填写姓氏及电话号码后四位以便于将前后三阶段数据进行匹配。第一阶段调查在2019年9月9~13日进行，由受访者填写个人信息、评价领导情绪智力，共向132个团队的695名成员发送问卷。问卷收回后，按照以下标准剔除无效问卷：个人背景信息缺失；题项缺失严重，不适合进行缺失值替代处理；基于题项内容判断前后填答矛盾；无法根据工号与下一阶段问卷进行匹配；剔除无效问卷后如果团队有效问卷数少于3，则将团队整体剔除。剔除无效问卷后得到来自 124 个团队的 553 份有效问卷。第二阶段调查在 2019 年 10 月 14～18 日进行，向上一阶段获得有效问卷的 124 个团队发放第二阶段问卷，由受访者报告情绪劳动策略，同样按照前述标准剔除无效问卷后，得到来自 110 个团队的 491 份有效问卷。第三阶段在 2019 年 11 月 18～22 日进行，主要向上一阶段获得有效问卷的 110 个团队发放问卷，由受访者报告工作投入和职业使命感，剔除无效问卷后得到来自 106 个团队的 458 份有效问卷。总体问卷有效回收率为 65.9%。

本书共获得来自 12 家企业的 106 个团队的 458 份有效数据。其中，在 12 家企业中，3 家为房地产开发企业，3 家为机械制造企业，2 家为信息技术类企业，2 家为金融服务企业，1 家为医疗企业，1 家为通信服务企业。团队平均规模为 7.427 人，团队人数为 3～13 人。在 458 个有效样本中，性别方面，男性员工占 51.1%，女性员工占 48.9%；年龄方面，21～30 岁的员工占大多数，比例达到 58.1%，其次是 31～40 岁的员工，占比为 30.6%；学历方面，本科学历的员工比例最大，占 53.7%，其次为大专学历员工，占 18.1%，硕士及以上学历占 16.8%，高中、中专及以下占 11.4%；工作年限方面，以 1～3 年和 3～5 年的员工为主，占比分别为 31.7% 和 27.5%，不满 1 年和 5 年以上的员工占比相当，分别为 19.9% 和 21%。样本特征详情如表 4-1 所示。

表 4-1　样本特征

人口统计学变量	统计内容	频次	占比（%）	累计占比（%）
性别	男	234	51.1	51.1
	女	224	48.9	100
年龄	20 岁及以下	6	1.3	1.3
	21～30 岁	266	58.1	59.4
	31～40 岁	140	30.6	90.0
	41～50 岁	36	7.9	97.8
	51 岁及以上	10	2.2	100

人口统计学变量	统计内容	频次	占比（%）	累计占比（%）
学历	高中、中专及以下	52	11.4	11.4
	大专	83	18.1	29.5
	本科	246	53.7	83.2
	硕士及以上	77	16.8	100
工作年限	不满1年	91	19.9	19.9
	1~3年	145	31.7	51.5
	3~5年	126	27.5	79
	5年以上	96	21	100

4.3 数据分析与假设检验

4.3.1 共同方法偏差检验

共同方法偏差（Common Method Biases）是指由于数据来源相同、评分者相同、测量环境相同、项目语境以及项目本身特征等原因所造成的预测变量与效标变量之间人为的共变[235]。这种人为共变对研究结果会产生严重的混淆，并对结论有潜在的误导，是一种系统误差，在管理学领域的研究中广泛存在，尤其是在采用问卷调查法收集数据的情况下。

为了尽可能地避免或者降低可能存在的共同方法偏差，本书采取了程序控制和统计控制两种方法。本书在问卷设计和数据收集过程中进行了严格的程序控制：一是在进行问卷调查时分3个阶段进行，每个阶段间隔1个月，在时间点1由受访者填写个人信息、评价领导情绪智力，在时间点2受访者汇报个人情绪劳动策略，在时间点3由受访者汇报工作投入和职业使命感；二是对调研目的、匿名性、填写注意事项、重要概念等进行说明和介绍，确保受访者正确理解问卷和调研目标。

尽管采取了严格的程序控制，但由于本书中涉及的 6 个变量均是由同一受访者提供，可能还是无法完全消除共同方法偏差的影响。因此，为了研究的严谨性，本书采用 Harman 单因素检验法来检验可能存在的共同方法偏差。

本书针对由员工评价的领导情绪智力和员工自我报告的工作投入、情绪劳动策略和职业使命感 4 个构念的数据进行目前学术界最常用的 Harman 单因素检验。利用探索性因子分析，投入领导情绪智力、员工工作投入、情绪劳动策略和职业使命感各维度的所有变量，通过主成分分析法析出因子，第一因子能够解释的变异量为 20.153%，小于临界值 40%。此外，还通过验证性因子分析进行了进一步的检验。该检验方法的基本假设是如果同一来源的数据存在严重的共同方法偏差，那么在对这些数据进行验证性因子分析时，一因子模型与数据的拟合效果应该是最佳的。采用 MPLUS 7.0 进行验证性因子分析，一因子模型的拟合效果（$\chi^2 = 2965.680$、$df = 230$、$\chi^2/df = 12.895$、$RMSEA = 0.166$、$CFI = 0.313$、$TLI = 0.245$）并不理想，说明本书中的研究变量间的共同方法偏差并未产生严重影响，可以进行后续研究。

4.3.2　变量信效度检验

4.3.2.1　信度检验

为了检验测量指标是否可以稳定、精确地衡量目标构念，需要进行信度检验来评价量表的一致性、稳定性及可靠性。最常用的信度检验方法是内部一致性信度检验法，而对 Likert 式量表进行内部一致性检验最常用的方法是克朗巴哈系数法，常表示为 Cronbach's α 系数。一般来说，Cronbach's α 系数大于 0.7 时，代表内部一致性水平可接受。

本书采用 SPSS 21.0 进行 Cronbach's α 系数信度检验，测量量表各变量的信度系数如表 4-2 所示。

表4-2 各变量信度系数

变量	维度	信度系数 Cronbach's α	
领导情绪智力	自我情绪认知	0.842	0.922
	他人情绪认知	0.815	
	情绪调节	0.812	
	情绪运用	0.825	
工作投入	单维度	0.837	
浅层扮演	单维度	0.780	
深层扮演	单维度	0.727	
真实表达	单维度	0.892	
职业使命感	单维度	0.701	

从表4-2可以看出，各个变量的Cronbach's α系数都大于0.7这一临界值，表明本书中各变量均具有良好的内部一致性，本书收集的数据信度是有保证的。

4.3.2.2 效度检验

本书采用验证性因子分析检验不同变量间的区分效度。由于本书中涉及领导情绪智力、浅层扮演、深层扮演、真实表达、职业使命感和工作投入6个构念，且领导情绪智力概念的测量题项较多，因此，验证性因子分析需要估计的参数与样本量相比较而言较多。为了保证检验结果的准确性，与以往研究一致，本书将领导情绪智力按四个维度，即自我情绪认知、他人情绪认知、情绪调节和情绪运用进行打包（Item Parceling），将四个子维度作为领导情绪智力的测量指标，使其由二阶测量模型变为一阶测量模型。然后进行验证性因子分析，除了构建六因子基准模型，还通过将可能存在因果关系的变量进行合并得到了多个替代模型，以及通过将所有变量进行合并得到的一因子模型。本书选取 χ^2、df、χ^2/df、RMSEA、CFI 和 TLI 指标对变量之间的区分效度进行评估。

验证性因子分析结果（见表4-3）显示，由领导情绪智力、浅层扮演、深层扮演、真实表达、职业使命感和工作投入组成的六因子模型的拟合效果

（$\chi^2/df = 2.430 < 3$、RMSEA $= 0.058 < 0.08$、CFI $= 0.932 > 0.90$、TLI $= 0.909 >$ 0.90）显著优于其他几个嵌套模型，且各项指标都处于可接受水平之上，表明本书的 6 个构念之间具有良好的区分效度。

表 4-3　变量间的区分效度（验证性因子分析）

模型	χ^2	df	χ^2/df	RMSEA	CFI	TLI
六因子模型	522.396	215	2.430	0.058	0.923	0.909
五因子模型	878.193	220	3.992	0.083	0.835	0.810
四因子模型	1298.333	224	5.800	0.106	0.730	0.695
三因子模型	1457.053	227	6.419	0.112	0.691	0.656
二因子模型	2376.500	229	10.378	0.148	0.461	0.404
一因子模型	2965.680	230	12.895	0.166	0.313	0.245

注：LEI 表示领导情绪智力，SA 表示浅层扮演，DA 表示深层扮演，NA 表示真实表达，CC 表示职业使命感，WE 表示员工工作投入，"+"表示两个因子合并为一个因子，下同；六因子模型为 LEI、SA、DA、NA、CC、WE，五因子模型为 LEI、SA+DA、NA、CC、WE，四因子模型为 LEI、SA+DA+NA、CC、WE，三因子模型为 LEI、SA+DA+NA、CC+WE，二因子模型为 LEI、SA+DA+NA+CC+WE，一因子模型为 LEI+SA+DA+NA+CC+WE。

4.3.3　团队层面数据聚合检验

本书的领导情绪智力属于团队层面的变量，由团队内部成员进行评价，因此，需要检验团队内部成员一致性程度，以检验个体数据是否可以聚合为团队层面的数据。主流的检验方法是组内一致性（Within-group Agreement）、组内相关（1）［Intra Class Correlation（1），ICC（1）］和组内相关（2）［Intra Class Correlation（2），ICC（2）］。

组内一致性是指受访者对构念有相同反应的程度，最常用来衡量组内一致性的是 Rwg 值，通常认为 Rwg 值的中位数或平均数大于 0.7，则表示聚合有足够的同意度。除了验证个体数据具有充分的组内一致性，还必须检验是否有足够的组间差异 ICC（1），组间差异的存在是检验群体层面构念与其他构念之间关系的要素。然后考虑的是组内相关系数 ICC（2），是指群体平均数的信度，亦即将个体层次变量聚合到群体层次变量时，此变量的信度。通常认为，当 ICC（1）大于 0.05、ICC（2）大于 0.5 时，聚合是可行和合理的。经计算，本书中领导情绪智力的平均 Rwg 值为 0.88，ICC（1）为 0.33，ICC（2）为 0.68，均符合聚合条件，可以进行聚合。

本书采取学者广泛采用的将团队内成员评分求平均值的方法对数据进行聚合，现有文献中也多采用这种方法获取团队层面的数据，聚合完成后即得到团队层面的领导情绪智力数据。

4.3.4 描述性统计分析和相关分析

本书使用 SPSS 12.0 对所有变量进行描述性统计分析（均值、标准差），采用 Pearson 相关系数方法对变量之间的相关系数进行检验。本书中涉及个体层面和团队层面数据，需要分别进行计算。团队层面变量只有领导情绪智力，其均值为 3.685，标准差为 1.000。个体层面变量的均值、标准差和相关系数见表4-4。

从表4-4可以看出，工作投入与浅层扮演显著负相关（$r = -0.345$，$p < 0.01$），与深层扮演显著正相关（$r = 0.223$，$p < 0.05$），与真实表达显著正相关（$r = 0.312$，$p < 0.01$），与职业使命感显著正相关（$r = 0.58$，$p < 0.001$）。相关分析的结果初步证明了本书所假设的变量间的关系，为后续研究奠定了一定的基础。

表4-4 个体层面变量的均值、标准差和相关系数

变量	1	2	3	4	5	6	7	8	9
性别									
年龄	0.06								
学历	-0.032	-0.097*							
工作年限	-0.110*	0.330**	-0.067						

续表

变量	1	2	3	4	5	6	7	8	9
浅层扮演	0.006	-0.113*	-0.001	-0.020					
深层扮演	-0.029	-0.005	-0.114*	0.080	0.06				
真实表达	-0.006	-0.049	-0.052	0.009	-0.188*	0.071			
职业使命感	-0.029	0.030	0.084	-0.005	0.090	0.079	0.173		
工作投入	0.041	-0.010	-0.095*	0.002	-0.345**	0.223*	0.312**	0.58***	
均值	0.401	2.487	2.775	2.432	3.548	3.673	3.344	2.875	3.695
标准差	0.491	0.735	0.848	1.005	0.941	0.893	1.001	0.802	1.013

注：＊表示 p<0.05，＊＊表示 p<0.01，＊＊＊表示 p<0.001，下同。

4.3.5　假设检验

本书运用 Mplus 7.0 软件、采用跨层次路径分析方法进行假设检验。假设模型的路径系数估计结果如图 4-2 所示。出于简洁的考虑，路径系数图中没有把控制变量的影响效应列出。图 4-2 中的实箭头线表示效应显著，虚箭头线表示效应不显著。

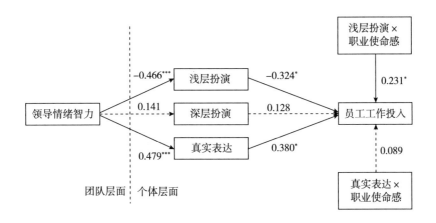

图 4-2　假设模型的路径系数估计结果

主效应的检验。本书对领导情绪智力对员工工作投入的主效应进行了独立检验，采用跨层次路径分析方法，在第二层面进行因变量员工工作投入对自变量领导情绪智力的回归，领导情绪智力对员工工作投入的主效应值为 B = 0.363（p<0.001），故假设 4-1 获得数据支持。

中介效应的检验。本书采用跨层次中介效应检验方法——参数拔靴法进行检验，该方法检验跨层次中介效应的基本思想是：通过跨层次回归分析获得自变量对中介变量的路径系数（Path a）以及中介变量对结果变量的路径系数（Path b），然后即可计算出中介效应或间接效应 Indirect effect = Path a×Path b。由于中介效应是复合系数，不是正态分布的，因此还需要采用参数拔靴法进行重复抽样生成置信区间。另外，运用蒙特卡洛方法构造 95%的偏差校正置信区间，如果该置信区间包含 0，则拒绝中介效应假设。中介效应检验结果如表 4-5 所示。

表 4-5　中介效应检验结果

路径	效应值	显著性	95%CI
领导情绪智力→工作投入（直接效应）	0.052	p>0.1	[-0.089, 0.170]
领导情绪智力→浅层扮演	-0.466***	p<0.001	[0.123, 0.524]
浅层扮演→工作投入	-0.324**	p<0.01	[0.319, 0.557]
领导情绪智力→浅层扮演→工作投入	0.151*	p<0.05	[0.053, 0.254]
领导情绪智力→深层扮演	0.141	p>0.1	[-0.023, 0.447]
深层扮演→工作投入	0.128	p>0.1	[-0.048, 0.461]
领导情绪智力→深层扮演→工作投入	0.018	p>0.1	[-0.007, 0.155]
领导情绪智力→真实表达	0.479***	p<0.001	[0.263, 0.706]
真实表达→工作投入	0.380**	p<0.01	[0.098, 0.428]
领导情绪智力→真实表达→工作投入	0.182*	p<0.05	[0.036, 0.316]

由表 4-5 可知，领导情绪智力对浅层扮演的效应值为 B = -0.466***（p<0.001），浅层扮演对员工工作投入的效应值为 B = -0.324**（p<0.01），浅层

扮演的中介效应值为 B = 0.151（p<0.05），R 软件生成的 95% 置信区间为 [0.053，0.254]，不包含 0，浅层扮演在领导情绪智力与员工工作投入之间的中介效应成立，故假设 4-2a、假设 4-3a 和假设 4-4a 获得了数据的支持。领导情绪智力对深层扮演的效应值为 B = 0.141（p>0.1），深层扮演对员工工作投入的效应值为 B = 0.128（p>0.1），深层扮演的中介效应值为 B = 0.018（p>0.1），R 软件生成的 95% 置信区间为 [-0.007，0.155]，包含 0，深层扮演在领导情绪智力与员工工作投入之间的中介效应不成立，故假设 4-2b、假设 4-3b 和假设 4-4b 未获得数据支持。领导情绪智力对真实表达的效应值为 B = 0.479***（p<0.001），真实表达对员工工作投入的效应值为 B = 0.380**（p<0.01），真实表达的中介效应值为 B = 0.182（p<0.05），R 软件生成的 95% 置信区间为 [0.036，0.316]，不包含 0，浅层扮演在领导情绪智力与员工工作投入之间的中介效应成立，故假设 4-2c、假设 4-3c 和假设 4-4c 获得了数据的支持。

调节效应的检验。职业使命感与浅层扮演的交互项对员工工作投入的效应值为 B = 0.231*（p<0.05），当职业使命感取两种不同的条件值（即均值加上一个标准差和均值减去一个标准差）时，对职业使命感较高的员工，浅层扮演对员工工作投入的效应值为 B = -0.139（p<0.01），对职业使命感较低的员工，浅层扮演对员工工作投入的效应值为 B = -0.509（p<0.001），二者之间的差异显著（Δ = 0.37，p<0.01），故假设 4-5a 获得了数据的支持。由于假设 4-3b 未获得数据支持，因此假设 4-5b 也不成立。职业使命感与真实表达的交互项对员工工作投入的效应值为 B = 0.089（p>0.1），故假设 4-5c 未获得数据的支持。

被调节的中介效应的检验。根据刘东等[236] 推荐的跨层次被调节的中介效应检验方法进行检验。该方法的基本步骤是：第一步，使用跨层次路径分析获得领导情绪智力对情绪劳动策略的路径系数（Path a）；第二步，分别计算职业使命感取高值和低值时，情绪劳动策略对员工工作投入的路径系数（Path b）；第三步，分别计算员工职业使命感取高值和低值时情绪劳动策略的中介效应（Indirect effect＝Path a×Path b）；第四步，采用参数拔靴法对员工职业使命感取高值和低值时情绪劳动策略的中介效应的差异进行检验，若差异不显著，则被调节的中介效应不成立，反之则成立。由于调节效应中只有假设4-5a通过检验，因此这里只检验假设4-6a、假设4-6b和假设4-6c不成立。被调节的中介效应检验结果如表4-6所示。

表4-6　被调节的中介效应检验结果

路径	调节变量	效应值	显著性	Boot 95%CI
领导情绪智力→浅层扮演→工作投入	高职业使命感	0.065*	p<0.05	[0.012, 0.254]
	低职业使命感	0.237*	p<0.01	[0.123, 0.524]
	差异	-0.172*	p<0.01	[0.135, 0.477]

由表4-6可知，职业使命感取高值时，领导情绪智力通过浅层扮演影响员工工作投入的间接效应值为 B＝0.065（p<0.05），职业使命感取低值时，这种间接效应值为 B＝0.237（p<0.01），两种间接效应之间的差异显著（Δ＝-0.172，p<0.01），R软件生成的95%置信区间为 [0.135, 0.477]，不包含0，因此假设4-6a得到了数据的支持。

4.4　实证研究结论与讨论

4.4.1　实证研究结论

本书基于工作要求—资源模型和已有研究结论，以106个团队为研究样本，采用实证研究方法检验了领导情绪智力影响员工工作投入的减少资源消耗机制，深入剖析了领导情绪智力如何通过促使员工采取更有效的情绪劳动策略应对工作中的情绪要求，从而减少资源消耗，促进员工工作投入，以及职业使命感在这一过程中发挥的边界作用，得到以下研究结论：①领导情绪智力对员工工作投入具有跨层次正向影响，即在领导情绪智力较高的团队，团队成员工作投入水平更高。②员工浅层扮演和真实表达在领导情绪智力与员工工作投入间起中介作用，领导情绪智力通过减少员工浅层扮演、增加员工真实表达，减少员工资源消耗，增加员工获得资源补偿的机会，从而正向影响员工工作投入。③职业使命感能够弱化浅层扮演对员工工作投入的消极效应，同时对领导情绪智力通过减少员工浅层扮演正向影响员工工作投入的间接效应也具有负向调节作用，较高的职业使命感能够弱化领导情绪智力通过减少员工浅层扮演从而促进员工工作投入的间接作用。

深层扮演在领导情绪智力与员工工作投入之间无中介作用，这一结果与本书的理论推导和研究假设不一致，这可能是由以下两种原因导致的：

（1）开启深层扮演并非易事，领导情绪智力并不足以促使员工采取更多深层扮演策略。尽管深层扮演能够给员工带来资源积累，使员工有足够的资源在后续工作中维持高水平的工作投入，然而，出现负性事件时开启深层扮演并非易事。深层扮演需要员工在负性事件发生后较短的时间内，主动调整自己的认知与情绪状态，涉及转移注意力或重新评估环境与事件的具体认知过程，包含大量复杂的心理加工过程和认知调节机制[224]，需要消耗大量的个体资源，且高强度的深层扮演也可能因过度消耗资源引发员工情绪耗竭[228]。根据资源保存理论，个体一般不会轻易启动复杂的认知活动[237]。虽然浅层扮演时员工在真实自我与虚假表现来回切换会消耗精力和心理资源，然而员工只需要在互动当下通过改变情绪外在表现即可达到工作要求。因此在不考虑后续影响，单就扮演策略本身来说，浅层扮演更容易，而开启深层扮演对员工来说是更大的挑战。员工面对负性事件时的情绪劳动策略选择，取决于很多因素，如动机、当时的心理资源水平、情绪表现规范的正式化程度等。虽然高情绪智力的领导者的确更可能引导、激励员工做出更积极的深层扮演行为，然而员工最终的决策还要同时取决于其自身的动机、当时的资源水平等因素。

（2）高情绪智力的领导者能够使员工更多地保持与组织展现规则相一致的积极情绪，这就使员工有更多的机会进行真实表达，而无需进行情绪扮演，从这一角度来看，领导情绪智力对深层扮演可能具有负向影响；当员工情绪与组织展现规则不一致，需要进行情绪扮演时，领导情绪智力能够引导员工更多地进行深层扮演，而非浅层扮演，从这一角度来看，领导情绪智力对员工深层扮演具有正向影响；负向影响与正向影响可能相互抵消，最终导致领导情绪智力与员工深层扮演策略并无显著的相关关系。

4.4.2 理论贡献

（1）验证了领导情绪智力对员工工作投入的积极效应，丰富了我国文化情境下领导情绪智力有效性的研究。吕鸿江等[238] 对领导者情绪智力和领导力效能之间的关系进行了一项元分析，结果发现东方文化背景下的领导者情绪智力对领导力效能的影响比西方文化背景下更强，然而我国学者却对领导情绪智力的关注度较低，我国文化背景下领导者情绪智力对组织的有效性还有待进一步拓展与探索。容琰等[110] 也指出已有研究对领导者情绪智力有效性的检验只局限在少数几个结果变量上，仍有待拓展。本书对这一呼吁做出了回应，考察了领导情绪智力对员工工作投入的积极效应，拓宽了领导情绪智力有效性的范围。

（2）从优化员工情绪劳动策略从而减少员工资源消耗的角度揭示了领导情绪智力对员工工作投入的影响机制，发现了领导情绪智力对员工工作投入的止损效应，加深了领导情绪智力对组织产生积极效应的理论认知。以往研究考察领导情绪智力和组织结果变量的关系时，主要是基于增益视角，而极少有研究从止损的视角出发，考察领导情绪智力是否能够通过减少或消除组织中那些能够引起损失、消耗的行为或现象，从而缓解其对个体的消极效应。然而对止损视角的忽略可能导致很多有价值的机制无法被识别。本书验证了止损视角的合理性，为未来的领导情绪智力对组织结果影响的相关研究提供了新的思路。

（3）突出了组织内部情绪劳动的重要作用，弥补了组织内部情绪劳动研究的不足。现有情绪劳动方面的文献有两点不足：一是对组织内部情绪劳动的关注不足，组织内部情绪劳动的影响因素和作用机制至今尚不明朗[239]；二是学者重点关注如何促使员工在情绪体验与组织展现规则不一致时进行的更多深层扮演，减少浅层扮演，而对如何促使员工进行更多真实表达的关注不足，实际上真实表达才是最理想的情绪劳动策略。本书对领导情绪智力如何影响员工面对同事和领导时的情绪劳动策略进行了详细的理论阐述，验证了高情绪智力的领导者能够显著减少员工浅层扮演，增加员工的真实表达，在一定程度上丰富和发展了现有的组织内部情绪劳动理论，为组织内部情绪劳动管理提供了一定的理论依据。

4.4.3 管理启示

4.4.3.1 企业管理者应重视下属的情绪劳动

在我国的文化背景下，企业内的人际互动过程讲究"以和为贵"，员工在工作过程中需要与领导、同事进行长期共事与合作，会更加倾向于避免冲突、保持面子，因此不可避免地会有较高强度的情绪劳动。员工进行浅层扮演会大量消耗个体资源从而对员工工作投入具有负向影响；而真实表达消耗资源较少且能使员工获得更多的资源补偿，对员工工作投入具有正向影响，因此，管理者应充分利用其情绪智力给员工创造更多真实表达的机会，降低员工进行浅层扮演的频率。

具体来说，管理者可以从以下两个方面努力。一方面，管理者应意识到自身言行和团队成员间的互动会对员工情绪产生重要影响，应注重减少员工因管理者原因和其他团队成员原因产生消极情绪的频率。首先，来自管理者的无礼或侮辱性行为是员工在工作过程中产生消极情绪的重要原因，因此管理者应注意提升自身的情绪识别能力、情绪调节能力、沟通技巧等，尽量减少或避免对员工的责难、侮辱、人身攻击等破坏性的言行，而是以更机智、恰当的方式与员工进行互动交流，从而减少员工因管理者言行而进行浅层扮演的频率。其次，管理者还可以利用社交技巧在团队中营造融洽、和谐、公平的人际氛围，加强团队成员之间的交流、合作、信任与认同，从而减少员工因与其他团队成员的互动冲突而产生消极情绪的可能性。通过以上努力，可大大减少员工需要进行情绪调节的情境发生，从而减少员工的浅层扮演行为。尤其是对于职业使命感较低的员工，其工作投入水平受浅层扮演行为的消极影响更强，需要管理者给予重点关注。另一方面，管理者应注意运用情绪智力促进员工积极情绪的产生。管理者应注意提升自身控制、调节情绪的能力，在工作中保持积极、稳定的情绪状态，通过积极情绪的感染使员工产生积极情绪。此外，管理者还应注意在日常言行中展现对员工的尊重和对员工需求的关怀，以及经常赞扬、赏识员工。这些日常的关心与照顾虽然看似微不足道，但对于员工积极情绪的产生却有事半功倍的效果。

4.4.3.2 员工应有意识地采取更优的情绪劳动策略

企业员工应意识到高频率的浅层扮演行为会严重消耗自身的情绪和认知资源，进而会造成后续工作投入水平的降低，这对于提高自身工作绩效、获得职业发展不利。因此，在工作中当员工情绪与组织展现规则不一致时，应尝试更多地进行深层扮演，控制浅层扮演的频率，以降低对自身的消耗。同时，应在与领导、同事互动过程中注意展现积极情绪，真实、自然的积极情绪的展现有利于产生有效率的工作行为和促进合作，对自身的工作投入和工作绩效有潜在益处。此外，从事让自己具有使命感的职业或在现有职业中注意提升自己的使命感，能够提高自己的工作动机，有利于获得职业成功。

4.4.3.3 企业应重视员工的职业使命感

提升员工的职业使命感不仅能够确保员工高水平的工作投入，还可以使其他管理实践的效用得到更大程度的发挥。在招聘、选拔人才时，企业可以将职业使命感纳入考量范围，在同等条件下优先选择那些对相关工作怀有使命感的员工。这些员工与工作的匹配性更高，工作投入水平更高，对组织的工作效率十分有利。企业还应重视在员工的职业生涯管理中开发、培养、增强员工的职业使命感，有意识地创造能焕发、保护员工职业使命感的有利环境，这将有助于最大限度地发挥员工的潜能，从而促使企业员工为企业乃至社会做出更多贡献。

第5章 领导情绪智力影响员工工作投入的增加资源供给机制研究

根据工作要求—资源模型，工作中的物质、心理、社会或组织方面的资源通过内部和外部动机作用引发增益效应，帮助员工顺利达成工作目标，促进员工学习和发展，为员工带来积极影响[240]。一方面，及时的反馈、报酬、信息等工作资源具有工具性效能，提高了员工顺利完成工作任务的可能性，因此起到外部动机作用，促使员工愿意投入更多的精力和资源以达成工作目标。另一方面，来自领导和同事的支持、决策自主性等工作资源，能够满足员工的自主、胜任、归属等基本心理需求，起到内部动机作用，促进员工个人的成长、学习和发展，进而引发积极效果[241]。

有益的社会关系对员工而言是重要的工作资源，是个体获得资源补充的重要途径。工作场所中的社会关系按方向来划分可分为纵向关系和横向关系，纵向关系指的是上级与下属之间的关系，企业中最为典型的纵向社会关系即领导—成员交换；横向关系指的是同层级的同事之间的关系，企业中最为典型的横向社会关系是团队—成员交换。高质量的领导—成员交换和团队—成员交换对员工而言是一种优质的社会关系资源，且能为员工提供更多其他资源。一直以来，员工与掌握组织资源分配的领导者的交换关系都备受学者关注，其研究成果不断积累。虽然员工与领导者的纵向交换关系确实值得重点关注，然而随着近年来组织结构的扁平化和团队运作模式的兴起，领导—成员交换的重要性可能因团队中的横向交换关系的逐渐突显而有所减弱。有研究表明，在预测员工态度与绩效时，员工与其他团队成员之间的横向交换关系和员工与领导之间的纵向交换关系发挥着同等重要的作用[242]。另有 Banks 等[243] 的元分析结果表明，在预测员工工作绩效、组织承诺、工作满意度和离职意向时，相对于团队—成员交换，领导—成员交换起着更为重要的作用；但对于组织承诺和工作满意度，团队—成员交换在领导—成员交换之外具有增值效度。从资源的角度来看，高质量的领导—成员交换和团队—成员交换能够为员工提供不同类型的资源，领导通常提供的是反馈、赏识、发展性的工作安排、工作目标和培训机会等关键性资源，团队成员提供的则是更为广泛和日常性的支持、协助、任务信息、反馈和鼓励等[244]。

探索性研究发现，领导情绪智力对员工工作资源中的纵向和横向交换关系资源的影响最为突出，是员工反复提及、非常看重的资源。高情绪智力的领导者不仅能与员工建立高质量的领导—成员交换关系，还能够促进团队成员间形成高质量的交换关系。根据资源保存理论，当人际关系紧密时，会产生资源同化过程，即个体能够同化交往对象的资源[41]。因此当领导者利用高情绪智力为员工提供高质量的交换关系资源时，就相当于为员工提供了一个资源蓄水池，员工可以从中获取工作所需的资源，从而能够维持高水平的工作投入。接下来，本书将对这一过程给出系统的理论解释，提出研究假设，对领导情绪智力影响员工工作投入的增加资源供给机制进行实证检验。

5.1　研究假设

5.1.1　领导—成员交换的中介作用

领导—成员交换理论认为，限于精力和资源，领导会与不同下属建立不同的交换关系，并采取差异化的管理方式和策略，同时下属也会做出不同的反应，因此领导和下属之间会发展出不同类型的关系[245]。团队层面的领导—成员交换则描绘了团队领导与不同成员交换关系质量的总体水平。

鉴于领导—成员交换关系的积极作用，团队领导者应努力与尽可能多的下属建立高质量的领导—成员交换关系[148]，即在团队范围内形成高质量的领导—成员交换关系。然而，团队领导者与成员建立交换关系的数量和质量，取决于多种因素，包括领导者和团队成员的个体特征、领导者的个体资源和精力以及组织所能提供的资源[246]。高情绪智力的领导者在建立团队层面的领导—成员交换关系时具有优势。情绪具有人际功能性[247]，拥有较高的情绪智力意味着拥有较高的人际互动和社会关系处理能力，高情绪智力的领导者善于运用这种能力与其下属形成高质量的领导—成员交换关系。强有力的情感联系是高质量领导—成员交换关系中的关键成分[248]，情绪交换是高质量领导—成员交换关系形成过程中的关键动力[249]。高情绪智力的领导者对下属的情绪和感受更加敏感，能够及时识别员工情绪的变化，帮助员工解决工作中遇到的问题以缓解或消除其负面情绪；擅长通过表情、动作、语言等方式展示对下属的关心、尊重和信任，展现对下属需求的关怀，采取礼貌、同情和支持公平待遇等行为[100]。高情绪智力领导者的种种支持型行为能够给员工带来积极的情绪体验，与员工建立牢固的情感纽带，形成高质量的领导—成员交换关系。同时，高情绪智力的团队领导者善于调节自身情绪，通常拥有更多的情绪资源，能够与团队中更多数量的员工建立高质量的交换关系。因此，高情绪智力的领导者能够与数量更多的员工建立更高质量的交换关系，即在团队层面建立高质量的领导—成员交换关系。

综上所述，本书提出以下假设：

假设5-1：领导情绪智力对领导—成员交换具有显著正向影响。

在高质量团队层面的领导—成员交换关系中，领导者倾向于向团队中所有或者说大多数成员提供更多有形或无形的资源[151]，例如更高水平的信任和尊重、更多的物质资源、信息、情感支持和升迁机会、更多正式或非正式的奖励、更大的自由度和决策权、更及时的反馈等[249]。因此对于员工来说，高质量的领导—成员交换关系不仅本身是一种优质的人际关系资源，还能通过这种资源获得更多其他资源[246]，这些资源的获得通过外部动机作用促进员工工作投入。此外，在我国集体主义价值观影响下，个体非常重视对所在群体的依赖与归属[250]。高质量的领导—成员交换关系会给员工一种"圈内人"的身份感知[98]，这种感知能够满足员工对于归属的基本心理需求，从而激发员工内在动机，促使员工在工作中付出更多努力。

综上所述，本书提出以下假设：

假设 5-2：领导—成员交换对员工工作投入具有显著正向影响。

根据以上理论推导及实证研究证据，本书认为，高情绪智力的领导者在团队层面建立高质量的领导—成员交换关系，就如同为其团队建立了一个资源储蓄池，能够源源不断地为团队中的员工提供所需资源，从而驱动员工更加主动、全身心地投入到工作当中。

综上所述，结合假设 5-1 和假设 5-2，本书进一步提出以下假设：

假设 5-3：领导—成员交换在领导情绪智力与员工工作投入之间起中介作用。

5.1.2　团队—成员交换的中介作用

虽然与组织中掌控资源分配的领导者建立良好的纵向交换关系是员工获取工作资源的重要途径[251]，但工作场所中还存在另外一种社会关系资源，也是员工工作资源的重要来源，即员工与其他团队成员之间的横向交换关系[252]。已有证据表明，在预测员工态度与绩效时，员工与其他团队成员之间的横向交换关系和员工与领导之间的纵向交换关系发挥着同等重要的作用[242]。自 Seers[170]于 1989 年首次提出团队—成员交换概念后，团队—成员交换便逐渐成为衡量团队成员之间关系质量的一个核心特征[253]。团队层面的团队—成员交换衡量的是整个团队成员之间广泛的交换关系质量[161]，体现了团队成员之间彼此分享想法、建议、信息、反馈和相互帮助与支持的程度，以及对彼此能力和团队成员身份的认可程度。

团队—成员交换形成于团队成员之间的互动[254]，已有证据表明团队成员之间良好的互动关系对高质量团队—成员交换的形成起着至关重要的作用[255]。高情绪智力的领导者能够利用其人际互动和社会关系处理能力提高团队整体的人际互动质量。高情绪智力的领导者通过自身积极情绪向团队成员的感染以及管理和调节他人情绪的能力，能够在团队范围形成积极、乐观的情绪氛围；具有同理心和社会技巧[256]，能够妥善处理团队成员之间的矛盾和冲突，在团队中营造和谐的人际氛围；善于收集丰富、有效的信息，处理具体事务时讲究方法和技巧，能够在团队内塑造公平氛围；通过这种积极、和谐、公平的人际互动氛围加强团队成员之间的交流、合作、信任与认同，来增强团队中的互帮互助行为，进而形成高质量的团队—成员交换关系。

综上所述，本书提出以下假设：

假设 5-4：领导情绪智力对团队—成员交换具有显著正向影响。

团队成员是员工日常工作中接触最广泛的群体，与领导通常提供的反馈、赏识、发展性的工作安排、工作目标和培训机会等资源相比，团队成员能提供的是更为广泛和日常性的支持、协助、任务信息、反馈和鼓励等[257]，不仅包括工作相关资源的交换，还包括情感资源的交换[258]，体现为团队成员之间关系亲密、建立友谊、互相帮助与支持。所以，处于高质量团队—成员交换关系中的员工，能够从其他团队成员中及时获得所需资源，这些资源通过外部和内部动机作用，能够促进员工工作投入。同时，与领导—成员交换一样，高质量的团队—成员交换关系同样能够使员工获得"圈内人"的感受，满足员工的归属需求[259]，从而激励员工自发地投入到工作角色当中。

综上所述，本书提出以下假设：

假设 5-5：团队—成员交换对员工工作投入具有显著正向影响。

根据以上理论推导和实证研究证据，本书认为，高情绪智力的领导者通过帮助团队整体形成高质量的团队—成员交换关系，来为员工增加资源供给，进而促进员工工作投入。

综上所述，结合假设 5-4 和假设 5-5，本书进一步提出以下假设：

假设 5-6：团队—成员交换在领导情绪智力与员工工作投入之间起中介作用。

5.1.3　任务互依性的调节作用

从扎根理论研究中本书发现若干与任务互依性相关的访谈内容，如"工作内容都是独自完成的形式，不需要和其他同事有太多沟通，因此人际关系的好坏对我来说不是很重要的问题"，虽然没有足够的证据形成任务互依性这一类属，但本书推断，虽然高情绪智力的领导者通过在团队中形成高质量的纵向和横向交换关系来为员工增加资源供给，但是在不同的任务互依性情境下，这种关系资源对员工的重要程度或者说需求程度不同，对员工的影响也可能会有所变化。当员工极为需要和珍视社会关系资源时，关系资源对员工工作投入的积极效应会得到强化；反之，这种积极效应则会被弱化。任务互依性是指由于不同成员的任务和技术要求不同，团队成员为了完成工作任务，在工作中与他人（包括领导和同事）合作或互动的程度。任务互依性可以用来衡量团队整体的互依程度，即团队成员之间以及成员与团队领导之间的整体互依程度；也可以按照互依的对象分为两种类型：领导成员互依性和团队成员互依性[183]。领导成员互依性是指团队成员和团队领导之间的纵向互依程度，团队成员互依性是指团队成员之间的横向互依程度。不同的团队有不同的任务互依特征，或纵向互依程度较高，或横向互依程度较高，或两者皆高。

作为一种典型的工作特征，任务互依性是多数组织变量发挥作用的条件，在不同的任务互依性情境下，组织变量的影响方向与程度可能不同[260]。在不同的领导成员互依性情境下，领导—成员交换对员工工作投入的影响程度也可能不同。由于领导者通常比团队成员掌握着更多的资源和关键信息，因此领导成员互依性更多地反映了团队成员对领导者的依赖程度。当团队成员对领导者的依赖程度较高，意味着团队成员需要与领导者进行大量的合作、广泛的交互以及信息共享等，而相较于低质量的领导—成员交换关系，在高质量的领导—成员交换关系中，团队成员更容易获得领导者提供的物质支持和专业知识等资源以及完成工作任务所需的关键信息，更容易与领导者进行高效的合作与交互，因此当领导成员互依性较高时，员工尤为需要和重视与领导者之间高质量的交换关系，此时高质量领导—成员交换关系的获得对员工工作投入有较强的激励作用。相反，当领导成员互依性较低时，员工对领导的依赖程度较低，领导—成员交换关系质量的重要性相对较低，因此对员工工作投入的影响也相应较弱。

综上所述，本书提出以下假设：

假设5-7：领导成员互依性正向调节领导—成员交换对员工工作投入的积极效应。领导成员互依性较高时，领导—成员交换对员工工作投入的积极效应更强；反之，领导—成员交换对员工工作投入的积极效应较弱。

同样地，在不同的团队成员互依性情境下，团队—成员交换对员工工作投入的影响程度可能不同。在高团队成员互依性的团队中，团队成员之间需要进行重复、持续、长期的合作与互动，而高质量的团队—成员交换关系则能够为这种合作的顺利实现保驾护航，正是团队成员所强烈渴求的，因此高质量的团队—成员交换关系的获得对员工的激励作用更明显。同时，在高团队成员互依性的团队中，员工对团队成员身份的认知和需求较强烈，高质量的团队—成员交换关系使员工感知到其团队成员身份被认可，也使员工更加意识到自身对团队贡献的重要性，因此对员工工作投入的动机作用更强烈。而在低团队成员互依性的团队中，员工主要依赖自身资源和努力来完成工作任务，对自身团队成员身份的认知也比较淡薄[261]，因此团队—成员交换质量对员工的重要性相对较低，对员工工作投入的激励作用有限。

综上所述，本书提出以下假设：

假设5-8：团队成员互依性正向调节团队—成员交换对员工工作投入的积

极效应。团队成员互依性较高时，团队—成员交换对员工工作投入的积极效应更强；反之，团队—成员交换对员工工作投入的积极效应较弱。

通过进一步分析还发现，领导—成员交换和团队—成员交换在领导情绪智力和员工工作投入之间的中介作用还受到任务互依性的调节，表现为被调节的中介作用。具体而言，在任务互依性较高的团队中人际互动较为频繁，高质量的人际关系对于团队成员来说是非常重要的工作资源，而领导情绪智力促进建立的高质量的领导—成员交换和团队—成员交换关系，正是这种员工所渴求的，因此对员工工作投入的促进作用更强。而对于任务互依性较低的团队来说，领导情绪智力的这种人际关系对员工帮助不大，此时，领导—成员交换和团队—成员交换的中介作用可能会减弱甚至不存在。

综上所述，本书进一步提出以下假设：

假设 5-9：领导成员互依性对领导情绪智力通过领导—成员交换促进员工工作投入的间接效应具有正向调节作用，当领导成员互依性较高时，这种间接效应更强；反之，这种间接效应较弱。

假设 5-10：团队成员互依性对领导情绪智力通过团队—成员交换促进员工工作投入的间接效应具有正向调节作用，当团队成员互依性较高时，这种间接效应更强；反之，这种间接效应较弱。

本书的理论模型如图 5-1 所示。

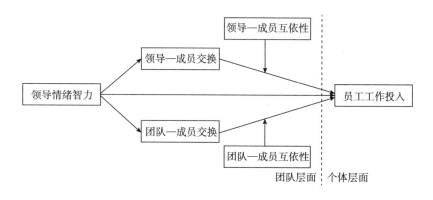

图 5-1　领导情绪智力影响员工工作投入的增加资源供给机制模型

5.2 研究设计

5.2.1 变量测量

（1）情绪智力：采用 Wong 和 Law[81] 开发的情绪智力量表。该量表分为 4 个维度——自我情绪认知、他人情绪认知、情绪调节、情绪运用，共 16 个题项，每个维度由 4 个题项测量。代表性题项如"我的领导很了解自己的情绪""我的领导善于观察他人的情绪"。

（2）工作投入：采用 Bledow 等[56]、Schaufeli 等[50] 编制的 UWES-9 精简而成的量表。精简后的工作投入量表包括 5 个题项、2 个测量活力，代表性题项如"工作时我感到强大且充满活力"；2 个测量奉献，代表性题项如"我对工作充满热情"；1 个测量专注，代表性题项如"全神贯注工作时我很快乐"。

（3）领导—成员交换：采用 Graen 和 Uhl-Bien[148] 开发的单维度测量量表，共 7 个题项，代表性题项如"领导了解我的潜力""我十分信任我的领导，即使领导不在场，我也会为其所做的决策进行解释和辩护"。团队层面领导—成员交换以成员个体的测量值的均值加以刻画。

（4）团队—成员交换：采用 Seers 等[171] 开发的团队—成员交换量表，共 10 个题项，其中：5 个题项考察成员对团队的奉献，代表性题项如"我经常就工作方法优化问题向其他团队成员提供建议"；5 个题项考察成员从团队中获得的支持，代表性题项如"其他团队成员了解我的问题和需要"。相关学者进行团队—成员交换研究时大多采用的是该量表。团队层面团队—成员交换同样以成员个体测量值的均值加以刻画。

（5）任务互依性：采用 Bishop 和 Dow Scott[186] 开发的任务互依性量表，

共 4 个题项。本书将原题项中的他人分别明确为领导和团队成员。代表性题项如"我必须经常与领导/团队成员合作"和"为了完成本职工作任务,我必须依赖领导/团队成员"。

控制变量:以往研究表明个体统计学变量可能会对员工工作投入具有影响,因此本书控制了团队成员的部分人口统计学变量,包括性别、年龄、学历和工作年限。此外,为了避免团队规模对领导—成员交换和团队—成员交换可能存在的潜在影响,本书还控制了团队规模。

5.2.2 研究样本与数据收集

本书聚焦于团队层面的领导—成员交换和团队—成员交换在领导情绪智力和员工工作投入间的中介效应和任务互依性的调节效应,涉及多个团队层面的变量,因此,同样需要以团队或部门为单位选择样本和收集数据。本书的样本与第 4 章相同,两项研究所需数据一同进行收集,详细的数据收集过程见第 4 章中的研究样本与数据收集部分。

本书所需数据同样在三阶段分别收集。领导情绪智力在时间点 1 收集,领导—成员交换和团队—成员交换在时间点 2 收集,员工工作投入、领导成员互依性和团队成员互依性在时间点 3 收集。最终本书共获得了 106 个团队的 458 份有效问卷。样本特征分布如表 4-1 所示。

5.3 数据分析与假设检验

5.3.1 共同方法偏差检验

本书采取了程序控制和统计控制两种方法来控制共同方法偏差。首先,本书在问卷设计和数据收集过程中进行了严格的程序控制，如采用三个时点的纵向追踪设计进行问卷收集，每个阶段间隔 1 个月；对调研目的、匿名性、填写注意事项、重要概念等进行说明和介绍，确保被试人员正确理解问卷和调研目标等。其次，本书在数据分析时采用 Harman 单因素检验法对共同方法偏差进行检验和控制，针对由员工评价的领导情绪智力、领导—成员交换、团队—成员交换、任务互依性（领导成员互依性和团队成员互依性）和员工自我报告的工作投入 6 个构念的数据进行 Harman 单因素检验。利用探索性因子分析，投入领导情绪智力、员工工作投入、领导—成员交换、团队—成员交换、领导成员互依性和团队成员互依性，通过主成分分析法析出因子，第一因子能够解释的变异量为 21.902%，小于临界值 40%。此外，本书采用 MPLUS 7.0 进行验证性因子分析，一因子模型的拟合效果（$\chi^2/df = 11.435 > 3$、$RMSEA = 0.143 > 0.08$、$CFI = 0.402 < 0.90$、$TLI = 0.350 < 0.90$）并不理想。由此可见，本书中的研究变量间的共同方法偏差并未产生严重影响，可以进行后续研究。

5.3.2 变量信效度检验

5.3.2.1 信度检验

本书采用 SPSS 21.0 对本书涉及的领导情绪智力、工作投入、领导—成员交换、团队—成员交换、领导成员互依性和团队成员互依性进行 Cronbach's α 系数信度检验，测量量表的各变量信度系数如表 5-1 所示。

表 5-1 各变量信度系数

变量	维度	信度系数 Cronbach's α	
领导情绪智力	自我情绪认知	0.842	0.922
	他人情绪认知	0.815	
	情绪调节	0.812	
	情绪运用	0.825	
领导—成员交换	单维度	0.819	

续表

变量	维度	信度系数 Cronbach's α	
团队—成员交换	奉献	0.748	0.864
	索取	0.806	
领导成员互依性	单维度	0.817	
团队成员互依性	单维度	0.862	
工作投入	单维度	0.837	

从表 5-1 的信度系数结果可以看出，各个变量的 Cronbach's α 系数都大于 0.7 这一临界值，表明本书中各变量均具有良好的内部一致性，本书收集的数据的信度是有保证的。

5.3.2.2　效度检验

本书采用验证性因子分析检验不同变量间的区分效度。由于本书中涉及领导情绪智力、领导—成员交换、团队—成员交换、领导成员互依性、团队成员互依性和工作投入 6 个构念，且领导情绪智力和团队—成员交换的测量题项较多，为了保证检验结果的准确性，与以往研究一致，本书将领导情绪智力按自我情绪认知、他人情绪认知、情绪调节和情绪运用 4 个维度进行打包，将团队—成员交换按即奉献和索取两个维度进行打包，将二阶测量模型变为一阶测量模型。然后进行验证性因子分析，除了构建六因子基准模型，还通过将可能存在因果关系的变量进行合并得到了多个备择模型，以及通过将所有变量进行合并得到的一因子模型。验证性因子分析结果如表 5-2 所示。

表 5-2　变量间的区分效度（验证性因子分析）

模型	χ^2	df	χ^2/df	RMSEA	CFI	TLI
六因子模型	442.261	284	1.557	0.033	0.970	0.965
五因子模型	862.988	289	2.986	0.062	0.890	0.876
四因子模型	1769.200	293	6.038	0.099	0.717	0.686
三因子模型	2718.854	296	9.185	0.127	0.535	0.490

模型	χ^2	df	χ^2/df	RMSEA	CFI	TLI
两因子模型	3070.204	298	10.303	0.135	0.469	0.420
一因子模型	3418.945	299	11.435	0.143	0.402	0.350

注：LMX 表示领导—成员交换，LMI 表示领导成员互依性，TMX 表示团队—成员交换，TMI 表示团队成员互依性；六因子模型为 LEI、LMX、TMX、LMI、TMI、WE，五因子模型为 LEI、LMX+TMX、LMI、TMI、WE，四因子模型为 LEI+LMX、TMX、LMI+TMI、WE，三因子模型为 LEI+LMX、TMX+LMI+TMI、WE，二因子模型为 LEI+LMX+TMX+LMI+TMI、WE，一因子模型为 LEI+LMX+TMX+LMI+TMI+WE。

由表5-2可知，由领导情绪智力、领导—成员交换、团队—成员交换、领导成员互依性、团队成员互依性和工作投入组成的六因子模型的拟合效果（$\chi^2/df = 1.557 < 3$、RMSEA $= 0.033 < 0.08$、CFI $= 0.970 > 0.90$、TLI $= 0.965 > 0.90$）显著优于其他几个备择模型，且各项指标都处于可接受水平之上，表明本书的6个构念之间具有良好的区分效度。

5.3.3　团队层面数据聚合检验

本书中的领导情绪智力、领导—成员交换、团队—成员交换、领导成员互依性和团队成员互依性属于团队层面的变量，由团队内部成员进行评价，因此需要检验团队内部成员一致性程度，以检验个体数据是否可以聚合为团队层面的数据。经计算，本书中个体层面的领导情绪智力、领导—成员交换和团队—成员交换、领导成员互依性和团队成员互依性均满足 Rwg>0.7、ICC（1）>0.05、ICC（2）>0.5 的聚合标准（见表5-3和表5-4），可以进行聚合。采用将团队内成员评分求平均值的方法对数据进行聚合，聚合完成后即得到团队层面的领导情绪智力、领导—成员交换、团队—成员交换、领导成员互依性和团队成员互依性的最终数据。

表5-3　聚合变量的 Rwg 值

变量	最小值	最大值	中位数	平均值
领导情绪智力	0.68	0.99	0.89	0.88

续表

变量	最小值	最大值	中位数	平均值
领导—成员交换	0.54	0.99	0.87	0.84
团队—成员交换	0.62	0.99	0.88	0.88
领导成员互依性	0.7	0.98	0.87	0.87
团队成员互依性	0.72	0.99	0.86	0.86

表 5-4　聚合变量的 ICC 值

变量	ICC（1）	ICC（2）
领导情绪智力	0.33	0.68
领导—成员交换	0.25	0.59
团队—成员交换	0.37	0.72
领导成员互依性	0.35	0.7
团队成员互依性	0.24	0.71

5.3.4　描述性统计分析和相关分析

本书使用 SPSS 12.0 对所有变量进行描述性统计（均值、标准差），采用 Pearson 相关系数对变量之间的相关系数进行检验。本书中涉及个体层面和团队层面数据，需要分别进行计算。个体层面变量的均值、标准差和相关系数如表 5-5 所示。团队层面变量的均值、标准差和相关系数如表 5-6 所示。

表 5-5　个体层面变量的均值、标准差和相关系数（n=458）

变量	均值	标准差	1	2	3	4
性别	0.401	0.491				
年龄	2.487	0.735	0.06			
学历	2.775	0.848	−0.032	−0.097*		
工作年限	2.432	1.005	−0.110*	0.330**	−0.067	
工作投入	3.695	1.013	0.041	−0.010	−0.095*	0.002

表 5-6 团队层面变量的均值、标准差和相关系数（N=106）

变量	均值	标准差	1	2	3	4	5
团队规模	7.427	3.118					
领导情绪智力	3.685	1.000	0.071				
领导—成员交换	3.273	0.923	0.213 **	0.355 **			
团队—成员交换	3.874	0.845	0.163 **	0.248 **	0.310 *		
领导成员互依性	3.960	0.913	0.101 *	0.127 *	0.155 *	−0.005	
团队成员互依性	4.205	0.713	−0.177 **	−0.073	0.047	0.158 *	0.017

相关分析结果表明，领导情绪智力与领导—成员交换显著正相关（r=0.355，p<0.01），与团队—成员交换显著正相关（r=0.248，p<0.01）。相关分析的结果初步证明了本书所假设的变量间的关系，为后续研究奠定了一定的基础。

5.3.5 假设检验

本书运用 Mplus 7.0 软件、采用跨层次路径分析方法进行假设检验。假设模型的路径系数估计结果如图 5-2 所示，中介效应检验结果如表 5-7 所示，被调节的中介效应检验结果如表 5-8 所示。

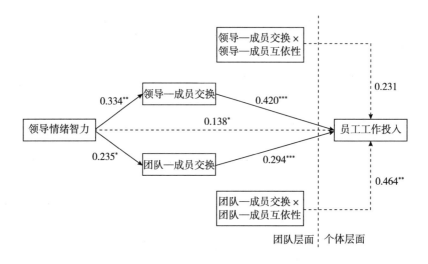

图 5-2 假设模型的路径系数估计结果

由图 5-2 和表 5-7 可知，领导情绪智力对领导—成员交换的效应值为 B = 0.334（p<0.01），领导—成员交换对员工工作投入的效应值为 B = 0.420（p<0.001），故假设 5-1 获得了数据的支持。领导—成员交换的中介效应值为 B = 0.140（p<0.05），R 软件生成的 95% 置信区间为 [0.053，0.254]，不包含 0，领导—成员交换在领导情绪智力与员工工作投入之间的中介效应成立，故假设 5-2 和假设 5-3 获得了数据的支持。领导情绪智力对团队—成员交换的效应值为 B = 0.235（p<0.05），团队—成员交换对员工工作投入的效应值为 B = 0.294（p<0.001），团队—成员交换的中介效应值为 B = 0.069（p = 0.05），R 软件生成的 95% 置信区间为 [0.007，0.155]，不包含 0，团队—成员交换在领导情绪智力与员工工作投入之间的中介效应成立，故假设 5-4、假设 5-5 和假设 5-6 获得了数据的支持。

表 5-7　中介效应检验结果

路径	效应值	显著性	Boot 95%CI
领导情绪智力→工作投入（直接效应）	0.138*	p<0.05	[0.062，0.243]
领导情绪智力→领导—成员交换	0.334**	p<0.01	[0.123，0.524]
领导—成员交换→工作投入	0.420***	p<0.001	[0.119，0.657]
领导情绪智力→领导—成员交换→工作投入	0.140*	p<0.05	[0.053，0.254]
领导情绪智力→团队—成员交换	0.235*	p<0.05	[0.023，0.447]
团队—成员交换→工作投入	0.294***	p<0.001	[0.148，0.461]
领导情绪智力→团队—成员交换→工作投入	0.069	p = 0.05	[0.007，0.155]
中介效应差异	0.071	p>0.1	[-0.054，0.196]

此外，为了探究领导—成员交换和团队—成员交换在领导情绪智力和员工工作投入间的中介效应是否存在差异，本书在进行跨层次路径分析时还对二者之间的差异进行了检验，由表 5-7 可知二者之间的差异不显著（Δ = 0.071，p>0.1），95% 置信区间为 [-0.054，0.196]，包含 0，因此领导—成员交换和

团队—成员交换在领导情绪智力和员工工作投入间的间接效应大小相当，无显著区别。

调节效应的检验。由图 5-2 可知，领导成员互依性与领导—成员交换的交互项对员工工作投入的效应值为 B=0.231（p>0.1），故假设 5-7 未获得数据的支持。团队成员互依性与团队—成员交换的交互项对员工工作投入的效应值为 B=0.464（p<0.01），当团队成员互依性取两种不同的条件值（即均值加上一个标准差和均值减去一个标准差）时，在团队成员互依性较高的团队中，团队—成员交换对员工工作投入的效应值为 B=0.625（p<0.001），在团队成员互依性较低的团队中，团队—成员交换对员工工作投入的效应值为 B=-0.037（p>0.1），二者之间的差异显著（Δ=0.662，p<0.001），故假设 5-8 获得了数据的支持。

被调节的中介效应的检验。因假设 5-7 未通过检验，因此，假设 5-9 也不成立。由表 5-8 可知，当团队成员互依性取两种不同的条件值（即均值加上一个标准差和均值减去一个标准差）时，在团队成员互依性较高的团队中，领导情绪智力通过团队—成员交换影响员工工作投入的间接效应值为 B=0.147（p<0.05），在团队成员互依性较低的团队中，这种间接效应值为 B=-0.009（p>0.1），两种间接效应之间的差异显著（Δ=0.156，p<0.01），采用 R 软件生成的 95%置信区间为 [0.0005，0.405]，不包含 0，因此假设 5-10 获得了数据的支持。

表 5-8 被调节的中介效应检验结果

路径	调节变量	效应值	显著性	Boot 95%CI
领导情绪智力→团队—成员交换→工作投入	高团队成员互依性	0.147	p<0.05	[0.053，0.254]
	低团队成员互依性	-0.009	p>0.1	[-0.023，0.447]
	差异	0.156	p<0.01	[0.0005，0.405]

5.4　实证研究结论与讨论

5.4.1　实证研究结论

本书基于工作要求—资源模型和已有研究结论，以 106 个团队为研究样本，构建了领导情绪智力影响员工工作投入的增加资源供给机制，深入剖析了团队层面的领导—成员交换和团队—成员交换两种关系资源在团队领导情绪智力与员工工作投入之间的中介作用，以及任务互依性在两者关系间所起的边界作用，得到以下研究结论：①领导情绪智力通过领导—成员交换的中介作用对员工工作投入产生正向影响。②领导情绪智力通过团队—成员交换的中介作用对员工工作投入产生正向影响。③团队成员互依性对团队—成员交换与员工工作投入的关系起到正向调节作用，对领导情绪智力通过团队—成员交换促进员工工作投入的间接效应具有正向调节作用，在团队成员互依性较高的团队，领导情绪智力通过团队—成员交换促进员工工作投入的间接效应更强。

研究结果表明，领导成员互依性对领导—成员交换对员工工作投入的积极效应无调节作用，对领导情绪智力通过领导—成员交换促进员工工作投入的间接效应无调节作用。这一研究结果与本书最初的假设不符，出乎意料却又在情理之中，领导成员互依性边界作用的无效恰恰印证了纵向关系资源对员工的重要程度。领导者是企业关键性资源和权力的实际掌握者，加之我国处于关系取向的文化情境中，因此员工普遍重视与领导者之间的互动[12]，无论员工是否需要依赖领导者完成工作任务，与领导者之间高质量的交换关系对员工来说都是极为重要的资源，都对员工工作投入有着强烈的动机作用。因此无论是在领导成员互依性较高的团队，还是在领导成员互依性较低的团队，高情绪智力的领导者都能够通过为员工提供高质量的纵向关系资源，从而有效地促进员工工作投入。

5.4.2 理论贡献

（1）从纵向和横向关系资源的角度，揭示了领导情绪智力对员工工作投入的影响机制，验证了领导情绪智力通过增加关系资源供给对员工工作投入的增益效应。情绪智力是一种与社会交往、人际关系息息相关的能力，从关系资源的视角解释领导情绪智力对员工工作投入的影响，能够更好地体现领导情绪智力的本质内涵，更准确地揭示领导情绪智力的作用机制。一直以来，员工与掌握组织资源分配的领导者的交换关系备受瞩目，已有研究从领导—成员交换的角度解释领导情绪智力的作用机制。然而，随着近年来组织结构的扁平化和团队运作模式的兴起，团队中的横向交换关系日渐突显，能够为员工提供更为广泛和日常性支持的团队—成员交换关系能否作为领导情绪智力与员工工作投入间的中介机制尚不明朗，本书的研究结论则弥补了这一缺陷，证实了领导情绪智力不仅能够通过提升领导—成员交换质量促进员工工作投入，还能够通过团队—成员交换的传导作用促进员工工作投入。本书还进一步发现团队—成员交换在领导情绪智力与员工工作投入间的中介效应与领导—成员交换无显著差异，二者发挥的中介作用相当。领导者通过纵向和横向关系资源的供给，如同为员工构建了一个资源池，员工可从中源源不断地获得所需资源，从而维持高水平的工作投入。

（2）为工作要求—资源模型的丰富与发展提供了支持和新思路。根据工作要求—资源模型的提出者 Bakker 和 Demerouti[32] 最新的观点，领导者能够影响员工的工作要求和工作资源，进而间接影响员工幸福感和工作绩效。一些关于变革型领导的研究为此提供了证据，研究结果表明变革型领导能够为员工创造和提供丰富的工作资源，如社会支持、自主性、反馈、成长机会、决策权、高质量的关系等，并通过这些工作资源的作用间接影响员工的工作投入和工作绩效[262]。Bakker 和 Demerouti[32] 进一步呼吁应加强在工作要求—资源模型框架下其他领导风格对员工工作要求、工作资源和员工幸福感的影响的研究。然而当前这些研究成果只关注了领导风格对工作特征和员工态度和行为的影响，而忽略了领导者的其他特征可能发挥的作用。情绪智力作为领导者举足轻重的一项核心能力，能否在工作要求—资源模型框架下对员工产生积极效应，是一个值得关注的重要问题，本书的研究结论则弥补了这一缺陷。

（3）丰富了工作要求—资源模型在团队层面的应用。工作要求—资源模型目前大多应用于个体层面，通常关注的是个体的工作要求和工作资源对个体的影响。实际上管理实践中大部分企业对团队或部门层面的工作要求、工作资源和幸福感充满兴趣，然而当前仅有少量研究对团队或部门层面的工作特征给予了关注，目前理论界对工作要求和工作资源是否存在于团队层面及其对团队和团队成员的作用均缺乏足够的了解。在团队研究取得大量实质性进展的今天，对团队层面工作特征的忽视令人感到惊讶和遗憾。Schaufeli 等[263]、Bakker 和 Demerouti[32] 都呼吁应加强工作要求—资源模型在团队层面的研究，这对工作要求—资源模型的发展以及为组织寻找更多有效干预措施都是非常关键的。本书对此做出了回应，验证了领导—成员交换和团队—成员交换能够作为团队层面的工作资源，为团队成员提供源源不断的动力，从而提升员工的工作投入水平。

5.4.3　管理启示

5.4.3.1　企业管理者应重视团队中的纵向和横向交换关系

我国在人际关系模式上倾向于关系取向，员工的关系需求强烈，高质量交换关系作为重要的工作资源，能够对员工产生较强的动机作用，从而能够提升员工的工作投入水平。本书的实证结果表明，两种交换关系在领导情绪智力促进员工工作投入的过程中发挥着同等重要的作用，管理者应对两种交换关系给予同等的重视，充分利用自身情绪智力提升领导—成员交换关系和团队—成员交换关系。

管理者应利用情绪智力与尽可能多的团队成员建立高质量的交换关系。管理者应注意提高自身的情绪识别能力，对下属员工的情绪和感受保持敏感态度，及时识别员工的情绪变化，帮助员工解决工作中遇到的问题以缓解或消除其负面情绪；在与下属的日常互动中，注意通过表情、动作、语言等方式展示对下属的关心、尊重和信任，展现对下属需求的关怀，采取礼貌、同情和支持公平待遇等行为。这些行为都有利于与员工建立牢固的情感纽带，从而形成高质量的领导—成员交换关系。此外，管理者也应注意利用情绪智力帮助团队成员之间建立高质量的交换关系。管理者应注意提升自身控制、调节情绪的能力，在工作中保持积极、稳定的情绪状态，通过自身积极情绪带动感染团队成员，在团队范围内形成积极、乐观的情绪氛围；提升社交技能，妥善处理团队成员之间的矛盾和冲突，在团队中营造和谐的人际氛围；处理具体事务时注意方法和技巧，在团队内塑造公平氛围；通过营造这种积极、和谐、公平的人际互动氛围，加强团队成员之间的交流、合作、信任与认同，增强团队中的互帮互助行为，从而形成高质量的团队—成员交换关系。尤其是在团队成员任务互依性较高的团队，高质量的团队—成员交换关系对员工而言更重要，管理者要更加重视在团队中提高成员之间的交换关系质量。

5.4.3.2　企业员工应注意维护与领导、同事的交换关系

企业员工需要充分理解人情、关系等隐藏于正式规则之下却支配我国社会运作的潜规则，在团队中与领导、同事维持良好的人际关系既能够为自身获得更多的工作资源，也能够满足对关系的基本心理需求，对自身的工作投入水平、心理健康、工作绩效都有益处。因此，员工应着力提高自己社交技巧，与团队领导、同事建立良好的人际关系。

5.4.3.3　企业应注意营造彼此信任、相互支持的组织氛围

高质量的交换关系有利于企业内的资源交叉与同化，对员工维持高水平的

工作投入、企业获得高工作效率有重要意义。企业应重视营造彼此信任、相互帮助、和谐相处的组织氛围，强化管理者与下属、团队成员之间的交换关系，还要注意加强和促进部门、团队之间的社会交换，增强企业内纵向、横向的资源流动，从而维持企业的稳定和持续发展。

第6章 领导情绪智力影响员工工作投入的减少资源消耗与增加资源供给机制的比较研究

为了探究领导情绪智力对员工工作投入的影响机制，本书首先采用质性研究方法初步构建了领导情绪智力对员工工作投入的影响机制模型，其次分别对减少资源消耗机制和增加资源供给机制进行了实证检验，总体证实了两种机制的合理性和有效性。但本书并未止步于此，而是试图进行更深入的挖掘。根据工作要求—资源模型，工作要求和工作资源是同时存在的两种工作特征，其引发的两种潜在心理过程也是同时存在的，二者共同对个体产生影响。也就是说，立足于止损的减少资源消耗机制和旨在增益的增加资源供给机制可能同时发挥作用，领导者可同时通过这两方面的努力提升员工的工作投入水平。然而，对于团队领导者而言，其拥有的个体资源和掌控的组织资源有限，尤其在激烈的市场竞争条件下，管理手段必须直指对于员工影响最大、作用最直接的管理目标。那么，在领导者资源有限，不足以同时兼顾止损与增益时，是优先致力于引导员工采取更有效的情绪劳动策略，还是优先致力于在团队中建立高质量的领导—成员交换和团队—成员交换关系呢？究竟何种机制对员工工作投入的促进作用更强呢？为了回答上述问题，本书将减少资源消耗机制和增加资源供给机制同时纳入研究框架，考察两种机制是否共同发挥作用；如果是，进一步比较何种机制发挥的作用更大。主导机制的识别有助于更深入地了解领导情绪智力对员工工作投入的影响机制，同时也能为组织实践提供更明确、具体的管理启示。

6.1　研究假设

6.1.1　领导情绪智力影响员工工作投入的减少资源消耗机制和增加资源供给机制共同发挥作用

领导情绪智力对员工工作投入的两种影响机制均是在工作要求—资源模型框架下建构的，减少资源消耗机制立足于引导员工采取更高效的情绪劳动策略应对工作中的情绪要求，增加资源供给机制的目的在于直接为员工增加有益的社会关系资源，两种机制是在同一理论框架下构建的，是可能同时发生的两个过程，团队领导者可通过其情绪智力引导员工采取更有效的情绪劳动策略，同时也能通过其情绪智力促进团队内高质量的领导—成员交换和团队—成员交换的形成，即两种机制可能同时发挥作用，领导者可通过这两方面的努力提升员工的工作投入水平。因此，本书将减少资源消耗机制和增加资源供给机制同时纳入研究模型，考察两种机制对员工工作投入的共同影响。

综上所述，本书提出以下假设：

假设 6-1：领导情绪智力影响员工工作投入的减少资源消耗机制和增加资源供给机制共同发挥作用。

6.1.2　领导情绪智力影响员工工作投入的增加资源供给机制会发挥主导作用

工作要求—资源模型既关注工作要求和工作资源对个体积极结果的影响，

也关注对个体消极结果的影响。同时考察工作要求和工作资源对个体积极和消极结果影响的研究表明，工作要求与工作资源均能够影响个体，工作要求与消极结果正相关，与积极结果负相关；工作资源与积极结果正相关，与消极结果负相关；但工作要求通常与消极结果的关系更强，工作资源则与积极结果的关系更强。如 Hakanen 等[264] 一项为期 3 年的纵向研究发现，工作资源影响未来的工作投入，进而影响组织承诺；而工作要求影响未来的工作倦怠，进而导致员工抑郁；而工作资源对工作倦怠只有较弱的负向影响。类似地，Ilies 等[265] 认为，员工的情绪资源存量与积极情绪正相关，与消极情绪负相关，但与前者的正相关关系更强；情绪劳动中的浅层扮演与情绪耗竭正相关，与情绪资源存量负相关，但与前者的正相关关系更强；定量工作要求与情绪耗竭正相关，与情绪资源存量负相关，但与前者的正相关关系更强。通过上述相关研究结果可以推论，工作要求对消极结果的预测和解释力要强于工作资源，而工作资源对积极结果的预测和解释力要强于工作要求。

本书的领导情绪智力影响员工工作投入的资源消耗机制中，情绪劳动策略中的真实表达虽然可以使员工在后续获得一定的资源补偿机会，但其本质同浅层扮演一样，仍然是在进行情绪劳动，它首先是一种应对工作要求的行为，领导情绪智力的作用是通过帮助员工减少资源消耗，避免员工进入资源持续减少甚至枯竭的状态，从而减少情绪劳动对员工后续工作投入的损害。而领导情绪智力影响员工工作投入的增加资源供给机制中，领导情绪智力的作用是提高领导—成员交换和团队—成员交换质量，通过为员工增加纵向关系和横向关系资源的供给促进员工工作投入。前者是减少工作要求对员工工作投入的损害，后者是增加工作资源对员工工作投入的动机作用。根据前述工作资源对积极结果的预测和解释力要强于工作要求这一推论，本书认为增加资源供给机制所起的作用更直接，效果也要强于减少资源消耗机制，即领导情绪智力通过社会关系资源的供给影响员工工作投入的间接效应强于领导情绪智力通过情绪劳动策略进而影响员工工作投入的间接效应。

综上所述，本书提出如下假设：

假设6-2：领导情绪智力影响员工工作投入的减少资源消耗机制和增加资源供给机制中，增加资源供给机制发挥主导作用。

6.2　研究设计

由于本书研究的目的在于考察领导情绪智力影响员工工作投入的减少资源消耗机制和增加资源供给机制能否同时发挥作用，并从中识别出主导机制，所涉及变量均来自前两项实证研究，因此直接采用前两项实证研究中的数据，即在时间点1收集的领导情绪智力、在时间点2收集的浅层扮演、真实表达、领导—成员交换和团队—成员交换，以及在时间点3收集的员工工作投入水平。详细的数据收集过程见第4章中的研究样本与数据收集部分。有效数据为来自106个团队的458名员工的数据。

6.3　数据分析与假设检验

6.3.1　描述性统计分析和相关分析

本书使用SPSS 12.0对所有变量进行描述性统计分析（均值、标准差），采用Pearson相关系数对变量之间的相关性进行检验。本书中涉及个体层面和团队层面数据，需要分别进行计算。个体层面变量的均值、标准差和相关系数如表6-1所示；团队层面变量的均值、标准差和相关系数如表6-2所示。

表6-1　个体层面变量的均值、标准差和相关系数

变量	均值	标准差	1	2	3	4	5	6
性别	0.401	0.491						
年龄	2.487	0.735	0.06					
学历	2.774	0.848	−0.032	−0.097*				
工作年限	2.432	1.005	−0.110*	0.330**	−0.067			
浅层扮演	3.548	0.941	0.006	−0.113*	−0.001	−0.020		
真实表达	3.344	1.001	−0.006	−0.049	−0.052	0.009	−0.188*	
工作投入	3.695	1.013	0.041	−0.010	−0.095*	0.002	−0.345**	0.312**

表6-2　团队层面变量的均值、标准差和相关系数

变量	均值	标准差	1	2	3
团队规模	7.427	3.118			
领导情绪智力	3.685	1.000	0.071		
领导—成员交换	3.273	0.923	0.213**	0.355**	
团队—成员交换	3.874	0.845	0.163**	0.248**	0.310*

6.3.2　假设检验

本书运用 Mplus 7.0 软件、采用跨层次路径分析方法进行假设检验。由于本书研究的目的是对减少资源消耗机制和增加资源供给机制发挥的效应进行比较，因此需要利用 Mplus 中的 Model Constraint 功能构建比较参数并检验其显著性。首先将减少资源消耗机制的间接效应设置为 path1（浅层扮演间接效应+真实表达间接效应），将增加资源供给机制的间接效应设置为 path2（领导—成员交换间接效应+团队—成员交换间接效应），然后将减少资源消耗机制与增加资源供给机制的效应值的差异设置为 pathdif＝path1−path2，最后对 path1、path2 和 pathdif 的显著性进行检验。如果 path1 和 path2 均显著，表明两种机制共同发挥作用，则假设 6-1 成立；如果 pathdif 显著，则表明两种机制的间接效应存在显著差异，效应值较大的机制发挥主导作用，假设 6-2 成立。

假设模型的路径系数估计结果如图 6-1 所示，假设检验结果如表 6-3 所示。

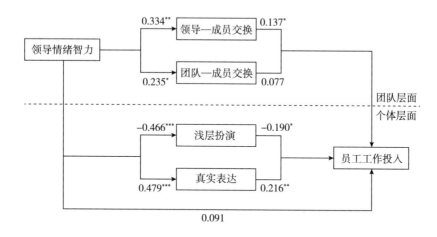

图 6-1　假设模型的路径系数估计结果

表 6-3　假设检验结果

路径	效应值	显著性	95%CI
领导情绪智力→工作投入（直接效应）	0.091	p>0.1	［-0.124，0.305］
领导情绪智力→浅层扮演（a1）	-0.466***	p<0.001	［-0.810，-0.207］
浅层扮演→工作投入（b1）	-0.190*	p<0.05	［-0.707，-0.328］
领导情绪智力→浅层扮演→工作投入（a1×b1）	0.089*	p<0.05	［0.163，0.340］
领导情绪智力→真实表达（a2）	0.479***	p<0.001	［0.279，0.705］
真实表达→工作投入（b2）	0.216**	p<0.01	［0.020，0.431］
领导情绪智力→真实表达→工作投入（a2×b2）	0.104**	p<0.01	［0.095，0.213］
领导情绪智力→领导—成员交换（a3）	0.334**	p<0.01	［0.122，0.547］
领导—成员交换→工作投入（b3）	0.137**	p<0.01	［0.042，0.232］
领导情绪智力→领导—成员交换→工作投入（a3×b3）	0.046*	p<0.05	［0.020，0.090］
领导情绪智力→团队—成员交换（a4）	0.235*	p<0.05	［0.022，0.450］
团队—成员交换→工作投入（b4）	0.077	p>0.05	［-0.008，0.163］
领导情绪智力→团队—成员交换→工作投入（a4×b4）	0.019	p>0.1	［-0.008，0.045］
减少资源消耗机制 path1（a1×b1+a2×b2）	0.193*	p<0.05	［0.082，0.603］

续表

路径	效应值	显著性	95%CI
增加资源供给机制 path2 （a3×b3+a4×b4）	0.065*	p<0.05	[0.007，0.122]
两种机制差异 pathdif＝path1−path2	0.128*	p<0.05	[0.007，0.550]

由图6-1和表6-3可知，在减少资源消耗机制中，浅层扮演的中介效应为 a1×b1＝0.089（p<0.05），R软件生成的95%置信度下的置信区间为 [0.163，0.340]，不包含0，因此浅层扮演的中介效应显著；真实表达的中介效应为 a2×b2＝0.104（p<0.01），R软件生成的95%置信度下的置信区间为 [0.095，0.213]，不包含0，因此真实表达的中介效应显著；减少资源消耗机制的间接效应 path1＝a1×b1+a2×b2＝0.193（p<0.05），95%置信度下的置信区间为 [0.082，0.603]，不包含0，因此，减少资源消耗机制的效应显著。在增加资源供给机制中，领导—成员交换的中介效应为 a3×b3＝0.046（p<0.05），R软件生成的95%置信度下的置信区间为 [0.020，0.090]，不包含0，因此领导—成员交换的中介效应显著；团队—成员交换的中介效应为 a4×b4＝0.019（p>0.1），R软件生成的95%置信度下的置信区间为 [−0.008，0.045]，0包含在内，因此，团队—成员交换的中介效应不显著；增加资源供给机制的间接效应 path2＝a3×b3+a4×b4＝0.065（p<0.05），95%置信度下的置信区间为 [0.007，0.122]，不包含0，因此，增加资源供给机制的效应显著。由于增加资源供给机制中的团队—成员交换的中介作用不显著，因此实质上增加资源供给机制中只有领导—成员交换这一路径有效，当增加资源供给机制只包含领导—成员交换时，该机制依然是显著的。因此，领导情绪智力影响员工工作投入的减少资源消耗机制和增加资源供给机制共同发挥作用，故假设6-1得到验证。

由表6-3可知，减少资源消耗机制的间接效应 path1＝0.193（p<0.05），增加资源供给机制的间接效应 path2＝0.065（p<0.05），减少资源消耗机制的效应值远大于增加资源供给机制。减少资源消耗机制和增加资源供给机制效应

值的差异 pathdif = path1 - path2 = 0.193 - 0.065 = 0.128（p<0.05），95%置信度下的置信区间为 [0.007, 0.550]，不包含0，差异具有显著性。当增加资源供给机制排除团队—成员交换、只考虑领导—成员交换时，减少资源消耗机制和增加资源供给机制效应值的差异 pathdif = path1 - a3×b3 = 0.193 - 0.046 = 0.147，差异更大，且同样是显著的。以上分析结果表明领导情绪智力影响员工工作投入的两种机制中，减少资源消耗机制发挥主导作用，增加资源供给机制发挥次要作用。该结果与假设6-2相悖，因此假设6-2未得到验证。

6.4 实证研究结论与讨论

6.4.1 实证研究结论

本书基于工作要求—资源模型和已有研究结论，以106个团队的458名员工为研究样本，从止损—增益整合的视角出发，将领导情绪智力影响员工工作投入的减少资源消耗机制和增加资源供给机制纳入同一模型，考察两种机制是否共同发挥作用，如果是，哪种机制发挥主导作用。其中减少资源消耗机制是指领导情绪智力通过情绪劳动策略中的浅层扮演和真实表达的中介作用影响员工工作投入，增加资源供给机制是指领导情绪智力通过领导—成员交换和团队—成员交换的中介作用影响员工工作投入，通过对两种机制发挥的间接效应及其差异进行跨层次路径分析和检验，得到以下研究结论：

（1）领导情绪智力影响员工工作投入的减少资源消耗机制和增加资源供给机制共同发挥作用，即领导情绪智力可同时通过减少员工浅层扮演、增加员工真实表达来减少员工资源消耗，以及提升领导—成员交换质量从而为员工增加关系资源的供给两种机制来促进员工工作投入。值得注意的是，在同时考察两种机制时，减少资源消耗机制包括的浅层扮演和真实表达的中介作用均显著，增加资源供给机制包括的领导—成员交换和团队—成员交换中，领导—成员交换的中介作用显著，而团队—成员交换的中介作用不显著，表明领导者通过促进团队—成员交换质量进而提升员工工作投入水平这一路径的有效性相对其他三种路径来说效率较低。

（2）领导情绪智力影响员工工作投入的两种机制中，减少资源消耗机制发挥主导作用，增加资源供给机制发挥次要作用，即相对于为员工增加关系资源供给，减少员工资源消耗更有利于维持员工后续工作投入水平。领导情绪智力通过减少员工浅层扮演、增加员工真实表达进而促进员工工作投入的间接效应强于领导情绪智力通过提升领导—成员交换和团队—成员交换进而促进员工工作投入的间接效应。这一研究结果与本书最初的理论构想相反，本书认为可以用资源保存理论进行解释。根据资源保存理论中的资源损失的首要性原则[41]，资源的损失对个体的影响要远大于资源的获得，资源损失对个体产生影响的速度、强度和持续的时间都大于资源的获得，因此对于员工来说，保护已有资源不受损失比获取新的资源更重要。情绪劳动策略中的浅层扮演行为会引起员工大量情绪资源、认知资源、控制资源等关键资源的消耗，当员工资源被过分消耗甚至耗尽时，员工会进入防御状态，降低后续工作投入水平。根据资源损失的首要性原则，频繁的浅层扮演行为对员工工作投入水平的损害比较强烈，其影响要大于关系资源的获得对员工工作投入的动机作用。因此，当高情绪智力的领导者大大减少员工的浅层扮演行为，使员工可以进行更多消耗资源较少的真实表达时，则能够有效减少员工关键资源的损失，领导情绪智力的这种止损效应相对于增益效应而言，对员工具有更重要的意义。因此领导者运用高情绪智力减少员工的浅层扮演、增加员工真实表达，从而减少员工的资源损耗这一机制对促进员工工作投入发挥的作用更大。

6.4.2　理论贡献

（1）从止损—增益整合的视角考察了领导情绪智力对员工工作投入的影

响机制，发现领导情绪智力能够通过减少资源消耗机制的止损效应和增加资源供给机制的增益效应的共同作用，达到提升员工工作投入水平的效果。本书在梳理领导情绪智力对个体、团队或组织的影响机理的相关研究时发现，已有研究成果都是从单一视角出发的，大多数研究单独考察领导情绪智力的增益效应，极少研究单独考察了领导情绪智力的止损效应。这些研究存在一定的局限，即不能回答领导情绪智力能否通过两种机制同时发挥作用，一种机制是否会因另一种机制的加入而被削弱有效性。本书基于工作要求—资源模型对止损和增益两种视角进行整合，考察领导情绪智力影响员工工作投入的减少资源消耗机制和增加资源供给机制是否同时发挥作用，结果发现高情绪智力的领导者能够通过"止损+增益"的共同效应，达到提升员工工作投入水平的效果，为深入考察领导情绪智力的影响提供了更为新颖的思路。

（2）突显了止损视角在探讨领导情绪智力对员工工作投入的影响机制时的重要价值。已有研究中的绝大部分都立足于增益视角，探讨领导情绪智力如何通过增强员工组织认同和组织承诺、提升组织氛围和上下级关系、提高下属信任和团队凝聚力、改善员工心理氛围、提高员工满意度等进而对个体、团队或组织产生积极影响。而较少有研究从止损的视角出发，考察领导情绪智力是否能够通过减少、削弱工作场所中可能对员工造成消耗和损害的因素，从而促进积极结果的产生或者减少消极结果的产生。而本书则证明了被广泛忽视的止损视角可能是揭开领导情绪智力对个体、团队和组织产生影响的关键视角，对止损视角的忽视可能会造成对领导情绪智力的影响机制的理解趋于片面，且不够系统和深入。本书也在此呼吁相关学者在探索领导情绪智力对个体、团队和组织的影响机制时，拓展研究思路，在关注增益视角的同时，也应从止损视角出发做一些有益尝试，从而使领导情绪智力理论更加丰富和完善，也有利于为企业管理实践中的领导者如何利用情绪智力提升领导效能、促进组织目标的实现提供更多有价值的管理启示。

6.4.3 管理启示

6.4.3.1 企业管理者应注意使用增益和止损两种管理手段促进员工工作投入

当企业管理者资源充足时，应注意增益和止损两种管理手段的双管齐下来提升员工工作投入水平。一种管理手段是利用高情绪智力为员工创造更多真实表达的机会、减少员工进行浅层扮演的频率，从而减少员工关键资源的损耗；另一种管理手段是与更多下属建立高质量的领导—成员交换关系，以及促进团队成员之间形成高质量的交换关系，从而为员工增加关系资源的供给；通过止损效应和增益效应的叠加，来达到提升员工工作投入水平的目标。此外，管理者还应意识到帮助员工及时止损对员工而言意义尤其重大，当管理者资源不足时，应优先致力于为员工创造更多真实表达的机会、减少员工的浅层扮演行为，有效减少浅层扮演对员工造成的情绪资源、认知资源和控制资源等关键资源的消耗，避免员工进入防御模式，降低工作投入水平。

6.4.3.2 企业应注意保持员工工作要求与工作资源的平衡

企业在进行工作设计时，要注意员工工作要求与工作资源的平衡，为员工提供充足的完成工作任务所需的工作资源，才能保证员工有足够的资源维持高水平的工作投入。此外，企业还应重视是否存在对员工造成大量资源消耗和损害的不合理因素，及时发现并采取措施消除、减少这些因素，对于保护员工资源、提升员工工作投入水平具有重要意义。

第7章 结论与展望

在企业所处的内外部环境愈加复杂多变的当下，员工高水平的工作投入是企业缓解情境压力、获取持续竞争优势的重要途径，是影响企业目标和绩效实现的关键。然而当前全球范围内员工工作投入水平普遍偏低，我国的情况更加不容乐观，提升员工工作投入水平刻不容缓。激发员工高水平的工作投入是领导者的重要职能，然而学者在探寻领导者促进员工工作投入的有效途径时，研究视角大多局限于某单一领导风格与员工工作投入的关系，这与领导者在工作中更倾向于采取灵活多变的管理风格这一管理实践相背离，无法提供有效的实践指导。为了深入剖析这一管理实践难题，为企业管理者寻找更有效的员工工作投入促进方式，本书提出领导情绪智力或许对促进员工工作投入有独特价值。为了探究领导情绪智力是否影响以及如何影响员工工作投入，本书首先采用探索性的质性研究方法，深入我国企业管理实践，采用半结构化访谈收集一手资源，采用扎根理论研究方法对资料进行编码分析，构建出了符合我国企业管理实践的领导情绪智力对员工工作投入的影响机制模型，提出了领导情绪智力影响员工工作投入的减少资源消耗机制和增加资源供给机制；其次通过实证研究方法对理论模型和理论命题进行了检验。本书取得了一些具有创新性且有价值的研究结论，拓展了领导情绪智力和员工工作投入的相关研究，为解决前述难题提供了新的思路。同时，本书也存在一些不足之处，有待在未来研究中加以改进。

7.1 研究结论

本书首先基于建构主义扎根理论法对领导情绪智力对员工工作投入的影响机制进行了探索性研究，深入我国企业管理实践，对 22 名企业员工进行半结构化访谈，收集一手资料，运用建构主义扎根理论研究方法，通过初始编码、聚焦编码和理论编码分析后，得出以下结论：领导情绪智力通过两种机制影响员工工作投入，即减少资源消耗机制和增加资源供给机制。减少资源消耗机制是指高情绪智力的领导者能够优化员工的情绪劳动策略，即减少员工的浅层扮演、增加员工的深层扮演和真实表达，使员工较少地遭受浅层扮演的消耗，更多地享受深层扮演和真实表达的益处，从而使员工有足够的资源维持高水平的工作投入。增加资源供给机制是指高情绪智力的领导者能够在团队层面形成高质量的领导—成员交换和团队—成员交换，通过这种纵向和横向关系资源的供给促进员工工作投入。领导情绪智力通过减少资源消耗机制的止损效应和增加资源供给机制的增益效应的共同作用，达到提升员工工作投入水平的效果。

为了检验探索性研究中构建的领导情绪智力对员工工作投入的影响机制模型和理论命题，本书进行了三项实证研究，以工作要求—资源模型、资源保存理论、情绪感染理论等为基础，对领导情绪智力影响员工工作投入的减少资源消耗机制和增加资源供给机制进行了详细的理论分析，将初始理论命题转化为可检验的研究假设，然后基于 106 个团队的 458 份三时点问卷调查数据对假设进行检验，得出以下实证研究结论：

（1）领导情绪智力对员工工作投入具有跨层次正向影响，即在领导情绪智力较高的团队，团队成员工作投入水平较高。这一结论可以用角色期望理论解释。根据角色期望理论，员工对领导者都有一定的角色期望，当领导者满足了员工对领导的角色期望时，便会产生责任义务感。员工期望领导成为团队情绪的管理者，在员工遇到麻烦而产生负面情绪时，领导能够及时缓解或消除。高情绪智力的领导者通常会主动扮演起情绪管理者的角色，关注员工的情绪和感受，主动避免容易引起负面情绪的管理行为，当员工出现负面情绪时及时缓解或消除，因此更容易满足员工的期望，而员工为了满足领导者对自身的期望，倾向于更加主动、全身心地投入到工作当中。

（2）领导情绪智力通过减少资源消耗机制的止损效应促进员工工作投入，即领导情绪智力通过情绪劳动策略中的浅层扮演和真实表达的中介作用正向影响员工工作投入。这一结论可以用工作要求—资源模型中的工作要求对个体的消极影响来解释。情绪要求是工作要求中重要的一方面，尤其是在我国讲究"以和为贵"的关系取向下，员工需要进行更高强度的情绪劳动。浅层扮演策略会消耗员工大量资源，导致资源入不敷出，负向影响员工工作投入。真实表达消耗的资源较少，且能够获得更多的资源补偿机会，资源得以积累，使员工能够维持高水平的工作投入。高情绪智力的领导者能够减少员工因不恰当的领导行为以及与其他团队成员的互动冲突而产生消极情绪的可能性；同时也能够激发员工更多积极情绪的产生，使员工无须进行过多的伪装与扮演，而是有更多的机会进行真实表达，从而使员工拥有足够的资源维持高水平的工作投入。此外本书还考察了职业使命感对这一机制的调节作用，发现较高的职业使命感能够缓冲浅层扮演对员工工作投入的消极效应，同时也对领导情绪智力通过影响浅层扮演促进员工工作投入的间接效应具有调节作用。当员工为应对组织的情绪要求而采取浅层扮演策略时，随之而来的是个体认知、情绪等资源的不断消耗，资源对员工的动机作用减弱，而职业使命感具有强烈的动机功能，较高的职业使命感能够弥补资源动机的不足，从而使浅层扮演对员工后续工作投入的负向影响被削弱。因此对于职业使命感较低的员工，领导情绪智力通过减少浅层扮演从而促进员工工作投入的作用更强，而对职业使命感较高的员工，这种间接效应较弱。

（3）领导情绪智力通过增加资源供给机制的增益效应促进员工工作投入，即领导情绪智力通过团队层面领导—成员交换和团队—成员交换的中介作用正向影响员工工作投入，且领导—成员交换和团队—成员交换的中介作用大小相当，无显著差异。这一结论可以用工作要求—资源模型中工作资源对个体的积极影响来解释。工作资源是影响员工工作投入的重要因素，最新研究发现领导者能够对员工的工作资源施加影响，进而间接对个体产生影响。高情绪智力的领导者拥有更多的情绪资源和更高的社交技巧，能够与团队中更多数量的员工建立更高质量的交换关系，同时也能促进团队成员之间形成高质量的交换关系。一方面，高质量的纵向交换和横向交换关系能够满足员工对于归属的心理需求，起到内部动机作用；另一方面，根据资源保存理论的资源交叉效应，当关系越紧密时，个体越能同化交往对象的资源，因此员工能够从中获得丰富的工作资源，这些资源起到外部动机作用，达到促进员工工作投入的效果。此外，本书还发现了团队成员任务互依性能够强化团队—成员交换对员工工作投入的积极效应，同时对领导情绪智力通过提升团队—成员交换质量进而促进员工工作投入的间接效应具有强化作用。

（4）领导情绪智力通过减少资源效率机制的止损效应和增加资源供给机制的增益效应的共同作用促进员工工作投入，减少资源消耗机制和增加资源供给机制共同发挥作用，但相对而言，减少资源消耗机制发挥主导作用，增加资源供给机制发挥次要作用。领导者可同时通过优化员工情绪劳动策略，即减少员工浅层扮演、增加员工真实表达减少员工个体资源消耗，以及提升领导—成员交换，从而为员工增加关系资源供给来促进员工工作投入；其中浅层扮演和真实表达的间接效应强于领导—成员交换的间接效应。这一结论可以用资源保存理论中的资源损失的首要性原则来解释，资源损失对个体的影响远远大于资源获取，因此保护已有资源不受损失对员工来说是首要的。高情绪智力的领导者减少员工的浅层扮演、增加员工的真实表达，能够大大减少员工的情绪、控制、认知等关键资源的损失，领导情绪智力这种对员工关键资源的止损效应要强于为员工增加关系资源起到的增益效应。

7.2　研究局限

虽然本书在研究过程中力求严谨、科学，但是受数据收集的难度以及资源的限制等多方面因素的影响，仍存在一些局限性：

（1）变量评价方式的选择。在收集实证研究所需数据时，员工在工作中的表现如绩效、行为等，通常由其上级主管进行评价，以保证获得的数据更为客观。但由于本书关注的员工工作投入是一种情感性、动机性的工作状态，并不易于被上级主管观察，因此采用的是员工自评的方式，这也是其他工作投入相关研究中采取的评价方式。这样一来，本书中涉及的所有变量，都是由员工进行评价的，且容易出现共同方法偏差。为了尽量降低可能存在的共同方法偏差，本书的问卷调查分三个阶段进行，且后续在进行数据分析时也进行了共同方法偏差检验，以确保本书中的共同方法偏差问题不严重，不会对假设检验产生影响。

（2）变量的测量问题。本书在测量领导—成员交换和团队—成员交换时，选择的是不同学者在不同情境下开发的量表，领导—成员交换的测量采用 Graen 和 Uhl-Bien[148] 开发的单维度测量量表，团队—成员交换的测量采用 Seers 等[171] 开发的团队—成员交换量表。两个量表的侧重点不同，领导—成员交换侧重的是关系导向的交换，而团队—成员交换侧重的是任务导向的交换，二者缺乏一定的统一性和完整性。目前大多数研究采用的都是 Seers 等[171] 开发的量表，尚未发现关系导向的团队—成员交换量表，这也是未来研究需要解决的问题。

（3）控制变量的选择。本书为了深入考察领导情绪智力对员工工作投入的影响机制，分别构建了减少资源消耗机制模型、增加资源供给机制模型和双重机制整合模型，由于研究内容较为复杂，需要测量的变量较多。为了避免由于问卷题项数量太多导致问卷填答质量下降，本书在对问卷题项数量和问卷填答质量进行反复权衡后，仅选择了部分对结果变量可能有重大影响的变量作为控制变量。

7.3 研究展望

（1）本书基于工作要求—资源模型构建并验证了领导情绪智力影响员工工作投入的减少资源消耗机制和增加资源供给机制，初步打开了领导情绪智力和员工工作投入关系的理论"黑箱"，而在领导情绪智力和员工工作投入的关系中，还存在基于其他不同理论所产生的其他作用机制，未来研究还需要进一步探索。

（2）本书仅探讨了领导情绪智力在影响员工工作投入过程中的中介机制后半段可能存在的边界条件，而未涉及中介机制的前半段以及领导情绪智力对员工工作投入的直接效应存在哪些边界条件。未来研究可以尝试从个体层面、团队层面和组织层面探索哪些因素可能在领导情绪智力影响个体、团队或组织过程中起到边界作用，以更好地厘清领导情绪智力发挥作用的边界条件。

（3）西方学者正在对领导情绪智力的内涵、测量、对不同层次的影响效果和作用机制、不同的培训与开发方法的有效性等相关问题不断进行深入挖掘，积累了较为丰富的研究成果，对领导情绪智力有更深入的理论认识和更丰富的实践应用经验。已有研究发现，相较于在西方情境，领导情绪智力在我国关系取向的文化环境下发挥的作用更大，因此对于我国企业中的领导者来说，与人际关系息息相关的情绪智力可能发挥着更为关键的作用。然而国内学者普遍对领导情绪智力的关注不足，其相关研究成果寥寥可数。本书在此呼吁国内学者对领导情绪智力在我国企业管理实践中发挥的作用以及如何发挥作用给予更多重视，加强在我国文化背景下的领导情绪智力研究。

参考文献

[1] 彭坚，王霄. 与上司"心有灵犀"会让你的工作更出色吗？——追随原型一致性、工作投入与工作绩效 [J]. 心理学报，2016，48（9）：1151-1162.

[2] Cole M S, Walter F, Bedeian A G, et al. Job burnout and employee engagement：A meta-analytic examination of construct proliferation [J]. Journal of Management，2012，38（5）：1550-1581.

[3] Caroline K, Malcolm P, Jeremy D. Building work engagement：A systematic review and meta-analysis investigating the effectiveness of work engagement interventions [J]. Journal of Organizational Behavior，2017，38（6）：792-812.

[4] Rich B L, LePine J A, Crawford E R. Job engagement：Antecedents and effects on job performance [J]. Academy of Management Journal，2010，53（3）：617-635.

[5] Bakker A B, Demerouti E, Brummelhuis L L T. Work engagement，performance，and active learning：The role of conscientiousness [J]. Journal of Vocational Behavior，2012，80（2）：555-564.

[6] Schaufeli W B. Work engagement：What do we know and where do we go? [J]. Romanian Journal of Applied Psychology，2012，14（1）：3-10.

［7］杨五洲，任迎伟，王毓婧．威权领导对员工工作投入的影响：员工情绪智力的调节作用［J］．当代经济科学，2014，36（4）：69-76.

［8］徐振亭，曲怡颖，罗瑾琏．自我牺牲型领导对员工工作投入的跨层次影响研究［J］．科学学与科学技术管理，2018，39（11）：142-157.

［9］Schaufeli W B. Work engagement in Europe：Relations with national economy，governance and culture ［J］．Organizational Dynamics，2018，47（2）：99-106.

［10］智联招聘．中国职场心理健康调研报告 ［EB/OL］．http：//news. fengone. com/d/20140520/571025. html，2014.

［11］盖洛普．2013 年全球职场环境报告 ［EB/OL］．https：//www. gallup. cn/home. aspx，2014.

［12］彭伟，朱晴雯，陈奎庆．基于效忠主管和权力距离影响的包容型领导与员工工作投入关系研究［J］．管理学报，2017，14（5）：686-694.

［13］Saks A M. Antecedents and consequences of employee engagement ［J］．Journal of Managerial Psychology，2006，21（7）：600-619.

［14］Christian M S，Garza A S，Slaughter J E. Work engagement：A quantitative review and test of its relations with task and contextual performance ［J］．Personnel Psychology，2011，64（1）：89-136.

［15］Harter J. Employee engagement on the rise in the U. S. ［EB/OL］．https：//news. gallup. com/poll/241649/employee-engagement-rise. aspx，2018.

［16］Amor A M，JPA Vázquez，JA Faía. Transformational leadership and work engagement：Exploring the mediating role of structural empowerment ［J］．European Management Journal，2020，38（1）：169-178.

［17］杨柳．悖论型领导对员工工作投入的影响：有调节的中介模型 ［J］．心理科学，2019，42（3）：646-652.

［18］唐汉瑛，龙立荣，周如意．谦卑领导行为与下属工作投入：有中介

的调节模型 [J]. 管理科学, 2015, 28 (3): 77-89.

[19] 邓志华. 精神型领导对员工工作投入的影响 [J]. 经济管理, 2016, 38 (4): 181-189.

[20] He Z L, Wong P K. Exploration vs. Exploitation: An empirical test of the ambidexterity hypothesis [J]. Organization Science, 2004, 15 (4): 481-494.

[21] Zacher H, Rosing K. Ambidextrous leadership and team innovation [J]. Leadership & Organization Development Journal, 2015, 36 (1): 54-68.

[22] 王淑红, 郑佩. 领导者情绪智力与员工的组织公民行为和任务绩效的关系——以组织气氛为中介变量 [J]. 技术经济, 2015, 34 (3): 33-37.

[23] 林昭文, 吴维库. 基于情商的领导力缔造 [J]. 学术论坛, 2007, 30 (6): 104-107.

[24] 哈佛商业评论. 有一个高情商的领导才是最招人羡慕嫉妒恨的 [EB/OL]. https://mp. weixin. qq. com/s/yWmIkpms9PnZYqWRKpYNlA, 2018.

[25] George J M. Emotions and leadership: The role of emotional intelligence [J]. Human Relations, 2000, 53 (12): 1027-1055.

[26] Siegling A B, Sfeir M, Smyth H J. Measured and self-estimated trait e-motional intelligence in a UK sample of managers [J]. Personality and Individual Differences, 2014, 65 (2): 59-64.

[27] Miao C, Humphrey R H, Qian S. Leader emotional intelligence and sub-ordinate job satisfaction: A meta-analysis of main, mediator, and moderator effects [J]. Personality and Individual Differences, 2016, 102 (6): 13-24.

[28] 哈佛商业评论. 身为领导, 你哪怕智商低点儿也要情商老高 [EB/OL]. https://www. hbrchina. org/2016-05-26/4140. html, 2016.

[29] Salovey P, Mayer J D. Emotional intelligence [J]. Imagination, Cognition and Personality, 1990, 9 (3): 185-211.

[30] Schaufeli W B, Bakker A B. Defining and measuring work engagement:

Bringing clarity to the concept［J］. Journal of Organizational Behavior，2016，28（2）：91-95.

［31］李超平，徐世勇. 管理与组织研究常用的 60 个理论［M］. 北京：北京大学出版社，2019.

［32］Bakker A B，Demerouti E. Job Demands－Resources theory：Taking stock and looking forward［J］. Journal of Occupational Health Psychology，2017，22（3）：273-285.

［33］贾旭东，衡量. 基于"扎根精神"的中国本土管理理论构建范式初探［J］. 管理学报，2016，13（3）：336-346.

［34］Demerouti E，Bakker A B，Nachreiner F，et al. The job demands－resources model of burnout［J］. Journal of Applied Psychology，2001，86：499-512.

［35］Schaufeli W B，Bakker A B. Job demands，job resources，and their relationship with burnout and engagement：A multi-sample study［J］. Journal of Organizational Behavior，2004，25（3）：293-315.

［36］Breevaart K，Bakker A B，Demerouti E，et al. Uncovering the underlying relationship between transformational leaders and followers' task performance［J］. Journal of Personnel Psychology，2014，13：194-203.

［37］Fernet C，Trépanier S，Austin S，et al. Transformational leadership and optimal functioning at work：On the mediating role of employees' perceived job characteristics and motivation［J］. Work & Stress，2015，29（1）：11-31.

［38］Bakker A B，Emmerik H V，Euwema M C. Crossover of burnout and engagement in work teams［J］. Work & Occupations，2006，33（4）：464-489.

［39］Loi R，Liu Y，Lam L W，et al. Buffering emotional job demands：The interplay between proactive personality and team potency［J］. Journal of Vocational Behavior，2016（95-96）：128-137.

［40］Hobfoll S E. Conservation of resources：A new attempt at conceptualizing stress [J]. American Psychologist, 1989, 44 (3): 513-524.

[41] Hobfoll S E, Halbesleben J, Neveu J P, et al. Conservation of resources in the organizational context: The reality of resources and their consequences [J]. Annual Review of Organizational Psychology and Organizational Behavior, 2018, 5 (1): 103-128.

[42] Hatfield E, Cacioppo J T, Rapson R L. Emotional Contagion [J]. Current Directions in Psychological Science, 1994, 2 (3): 96-100.

[43] 刘飞. 基于情绪感染理论的群体心理安全感/心理不安全感传播机制 [D]. 北京: 中国地质大学, 2016.

[44] Falkenberg I, Bartels M, Wild B. Keep smiling! Facial reactions to emotional stimuli and their relationship to emotional contagion in patients with schizophrenia [J]. European Archives of Psychiatry and Clinical Neuroscience, 2008, 258 (4): 245-253.

[45] Hess U, Kappas A, Mchugo G J, et al. The facilitative effect of facial expression on the self-generation of emotion [J]. International Journal of Psycho-Physiology, 1992, 12 (3): 251-265.

[46] Bono J E, Ilies R. Charisma, positive emotions and mood contagion [J]. The Leadership Quarterly, 2006, 17 (4): 317-334.

[47] Kahn W A. Psychological conditions of personal engagement and disengagement at work [J]. Academy of Management Journal, 1990, 33, (4): 692-724.

[48] Maslach C, Schaufeli W B, Leiter M P, et al. Job burnout [J]. Annual Review Psychology, 2001, 52 (1): 397-422.

[49] Schaufeli W B, Salanova M, Gonzalez-Roma V, et al. The Measurement of engagement and burnout: A two sample confirmatory factor analytic approach [J]. Journal of Happiness Studies, 2002, 3 (1): 71-92.

[50] Schaufeli W B, Bakker A B, Salanova M. The measurement of work en-

gagement with a short questionnaire：A cross‒national study ［J］. Educational and Psychological Measurement，2006，66（4）：701‒716.

［51］Shuck B，Adelson J L，Reio T G. The employee engagement scale：Initial evidence for construct validity and implications for theory and practice ［J］. Human Resource Management，2017，56（6）：953‒977.

［52］Harter J K，Schmidt F L，Hayes T L. Business‒unit‒level relationship between employee satisfaction，employee engagement，and business outcomes：A meta‒analysis ［J］. Journal of Applied Psychology，2002，87（2）：268‒279.

［53］Rothbard N P. Enriching or depleting? The dynamics of engagement in work and family roles ［J］. Administrative Science Quarterly，2001，46（4）：655‒684.

［54］张健东，刘慧，国伟. 阴还是晴？领导情绪对员工工作投入的影响研究 ［J］. 中国人力资源开发，2020，37（4）：7‒20.

［55］侯昭华，宋合义. 辱虐管理影响工作投入的双刃效应—不确定性容忍度与认知评估的作用 ［J］. 经济管理，2020（9）：64‒80.

［56］Bledow R，Schmitt A，Frese M，et al. The affective shift model of work engagement ［J］. Journal of Applied Psychology，2011，96（6）：1246‒1257.

［57］Leroy H，Anseel F，Dimitrova N G，et al. Mindfulness，authentic functioning，and work engagement：A growth modeling approach ［J］. Journal of Vocational Behavior，2013，82（3）：238‒247.

［58］Ouweneel E，Schaufeli W B，Le Blanc P M. Believe，and you will achieve：Changes over time in self‒efficacy，engagement，and performance ［J］. Applied Psychology：Health and Well‒Being，2013，5（2）：225‒247.

［59］张琳琳，David M DeJoy，李楠. 新生代员工核心自我评价与工作投入的关系：有调节的中介模型 ［J］. 软科学，2013，27（4）：111‒115.

［60］柯江林，吴丹，孙健敏. 心理资本对工作投入，主观幸福感与沉默

行为的影响：交互效应与效应比较［J］．心理与行为研究，2015，13（6）：804-810．

［61］顾江洪，江新会，丁世青，等．职业使命感驱动的工作投入：对工作与个人资源效应的超越和强化［J］．南开管理评论，2018，21（2）：107-120．

［62］郭钟泽，谢宝国，程延园．昨天的积极体验影响今天的工作投入吗？——一项经验取样的日记研究［J］．管理评论，2019，31（1）：173-184．

［63］孙健敏，陆欣欣，孙嘉卿．组织支持感与工作投入的曲线关系及其边界条件［J］．管理科学，2015（2）：93-102．

［64］Zhong L，Wayne S J，Liden R C．Job engagement，perceived organizational support，high-performance human resource practices，and cultural value orientations：A cross-level investigation ［J］．Journal of Organizational Behavior，2016，37（6）：823-844．

［65］Haynie J J，Mossholder K W，Harris S G．Justice and job engagement：The role of senior management trust ［J］．Journal of Organizational Behavior，2016，37（6）：889-910．

［66］孔茗，袁悦，钱小军．领导—成员喜欢一致性对员工工作投入的影响及其机制［J］．南开管理评论，2017，20（6）：104-115．

［67］张文勤，汪冬冬，Zhang W Q，等．挑战—抑制性压力对工作投入与反生产力行为的影响—领导方式的调节作用［J］．软科学，2017，31（11）：75-78．

［68］Jeroen M，Anna B N，Jan D L．How employees' pro-activity translates high-commitment HRM systems into work engagement：The mediating role of job crafting ［J］．The International Journal of Human Resource Management，2020，31（22）：2893-2918．

［69］吴丽君，杨安，陈宇帅，等．这不是我想象中的工作！不合规任务

对新员工工作投入的影响 [J]. 心理科学, 2021, 44 (1): 155-161.

[70] Hakanen J J, Bakker A B, Turunen J K. The relative importance of various job reources for work engagement [J]. Business Research Quarterly, 2021: 1-17.

[71] Yan C H, Ni J J, Chien Y Y, et al. Does workplace friendship promote or hinder hotel employees' work engagement? The role of role ambiguity [J]. Journal of Hospitality and Tourism Management, 2021, 46 (3): 205-214.

[72] 于悦, 周明洁, 郭昫澄, 等. 国企员工工作—家庭平衡对工作投入及满意度的影响: 人格的调节作用 [J]. 中国临床心理学杂志, 2016, 24 (3): 504-508.

[73] 曾练平, 何明远, 潘运, 等. 工作家庭平衡双构面视角下社会支持对农村教师工作投入的影响: 一个多重中介模型 [J]. 心理与行为研究, 2018, 16 (4): 518-524.

[74] 马灿, 周文斌, 赵素芳. 家庭支持对员工创新的影响—工作投入的中介和生涯规划清晰的调节作用 [J]. 软科学, 2020, 34 (1): 107-113.

[75] 苏凤然, 林琳, 李文, 等. 为家奋斗: 工作塑造视角下家庭动机对工作投入的影响 [J]. 中国人力资源开发, 2020, 37 (11): 24-38.

[76] Goleman D. Emotional intelligence [M]. New York: Bantam Books, 1995.

[77] BarOn R, Parker J D A. The handbook of emotional intelligence: Theory, development, assessment and application at home, school and in the workplace [J]. Intelligence, 2002, 30 (2): 209-210.

[78] Mayer J D, Salovey P. The intelligence of emotional intelligence [J]. lntelligence, 1993, 17: 433-422.

[79] 张辉华, 凌文轮. 管理者情绪智力行为模型及其有效性的实证研究 [J]. 南开管理评论, 2008, 11 (2): 50-60.

[80] Mayer J D, Roberts R D, Barsade S G. Human abilities: Emotional in-

telligence [J]. Annual Review of Psychology, 2008, 59 (1): 507-536.

[81] Wong C S, Law K S. The effects of leader and follower emotional intelligence on performance and attitude: An exploratory study [J]. The Leadership Quarterly, 2002, 13 (3): 243-274.

[82] Schutte N S, Malouff J M, Hall L E, et al. Development and validation of a measure of emotional intelligence [J]. Personality and Individual Differences, 1998, 25 (2): 167-177.

[83] Groves K S, McEnrue M P, Shen W. Developing and measuring the emotional intelligence of leaders [J]. Journal of Management Development, 2008, 27 (2): 225-250.

[84] Goleman D, Boyatzis R, McKee A. Primal leadership: Realizing the power of emotional intelligence [M]. Boston: Harvard Business Review Press, 2002.

[85] Petrides K V, Perez-gonza'lez J C, Furnham A. On the criterion and incremental validity of trait emotional intelligence [J]. Cognition and Emotion, 2007, 21 (1): 26-55.

[86] Dulewicz V, Higgs M. Can emotionali ntelligence be measured and developed? [J]. Leadership and Organization Development Journal, 1999, 20 (5): 242-252.

[87] BarOn R, Parker J D A. The handbook of emotional intelligence [M]. San Francisco: Jossey-Bass, 2000.

[88] Boyatzis R E, Goleman D, Rhee, K. Clustering competence in emotional intelligence: Insights from the emotional competence inventory (ECI) [J]. Handbook of Emotional Intelligence, 2000, 99 (6): 343-362.

[89] Law K S, Wong C S, Song L J. The construct and criterion validity of emotional intelligence and its potential utility for management studies [J]. Journal of

Applied Psychology, 2004, 89（3）：483-496.

［90］Sy T, Tram S, Linda A et al. Relation of employee and manager emotional intelligence to job satisfaction and performance ［J］. Journal of Vocational Behavior, 2006, 68（3）：461-473.

［91］王淑红. 领导者情绪智力对员工工作满意度的影响［J］. 技术经济, 2012, 31（2）：113-116.

［92］吴维库, 关鑫, 胡伟科. 领导情绪智力水平与领导绩效关系的实证研究［J］. 科学学与科学技术管理, 2011, 32（8）：173-179.

［93］Mahmoodzadeha N, Shah I B M, Abdulaha S A F. The impact of leader's emotional intelligence on organizational commitment ［J］. Life Science Journal, 2014, 11（6）：226-231.

［94］Kafetsios K, Nezlek J B, Vassiou A. A multilevel analysis of relationships between leaders and subordinates：Emotional intelligence and emotional outcomes ［J］. Journal of Applied Social Psychology, 2011, 41（5）：1121-1144.

［95］Fortner A N. The role of a leader's emotional intelligence and how it relates to employees' motivation and job satisfaction ［D］. Minneapolis Capella University, 2013.

［96］Affandi H, Raza N. Leaders' emotional intelligence and its outcomes, a study of medical professionals in Pakistan ［J］. Interdisciplinary Journal of Contemporary Research in Business, 2013, 5（7）：279-297.

［97］Ivcevic Z, Moeller J, Menges J, et al. Supervisor emotionally intelligent behavior and employee creativity ［J］. The Journal of Creative Behavior, 2020, 55（1）：79-91.

［98］余琼, 袁登华. 员工及其管理者的情绪智力对员工工作绩效的影响［J］. 心理学报, 2008, 40（1）：74-83.

［99］Young-Ritchie C, Laschinger H K S, Wong C. The effects of emotionally intelligent leadership behaviour on emergency staff nurses' workplace empowerment and organizational commitment [J]. Nursing Leadership, 2009, 22 (1): 70-85.

[100] 唐春勇, 潘妍. 领导情绪智力对员工组织认同、组织公民行为影响的跨层分析 [J]. 南开管理评论, 2010, 13 (4): 115-124.

[101] 龚素芳. 领导与下属情绪智力对不当督导及工作压力的作用机制 [J]. 华东经济管理, 2014, 28 (10): 120-127.

[102] 祁大伟, 吴晓丹. "良师益友" 能留住员工吗? ——领导者情绪智力, 团队—成员交换对员工离职意向的跨文化研究 [J]. 中国人力资源开发, 2015 (9): 56-61.

[103] 王淑红, 刘欢, 蔡欣. 为何职场中的 "咸鱼" 很难翻身? ——基于信息寻求动机视角的员工反馈规避行为研究 [J]. 华东经济管理, 2018, 32 (1): 171-179.

[104] 罗瑾琏, 李树文, 梁阜. 领导者情绪智力一致性对员工建言影响的路径与边界 [J]. 管理评论, 2021, 33 (3): 1-11.

[105] Feyerherm A E, Rice C L. Emotional intelligence and team performance: The good and the bad, and the ugly [J]. The International Journal of Organizational Analysis, 2002, 10 (4): 343-362.

[106] Chang J, Sy T, Choi N. Team emotional intelligence and performance: Interactive dynamics between leaders and members [J]. Small Group Research, 2011, 43 (1): 75-104.

[107] Polychroniou P V. Relationship between emotional intelligence and transformational leadership of supervisors: The impact on team effectiveness [J]. Team Performance Management, 2009, 15 (7/8): 343-356.

[108] Hur Y H, Berg P T V D, Wilderom C P M. Transformational leadership as a mediator between emotional intelligence and team outcomes [J]. Leader-

ship Quarterly，2011，22（4）：591-603.

［109］丁晓斌，李志刚. 领导者情绪智力、团队宽容氛围对边界管理的影响——一个有中介的交互效应模型构建［J］. 领导科学，2016（29）：38-41.

［110］容琰，隋杨，杨百寅. 领导情绪智力对团队绩效和员工态度的影响——公平氛围和权力距离的作用［J］. 心理学报，2015，47（9）：1152-1161.

［111］Zhang Y，Zhang L，Zhu J，et al. Group leader emotional intelligence and group performance：A multilevel perspective［J］. Asian Business and Management，2020，83：1-23.

［112］Mcclelland D C. Identifying competencies with behavioral-event interviews［J］. Psychological Science，1998，9（5）：331-339.

［113］高寒阳. 中小企业家情绪智力、领导风格与绩效之间的关系研究［D］. 杭州：浙江大学，2006.

［114］胡坤利. 微型企业主情绪智力对微企绩效的影响［D］. 成都：西南财经大学，2013.

［115］Wilderom C P M，Hur Y H，Wiersma U J，et al. From managers' emotional intelligence to objective store performance：Through store cohesiveness and sales-directed employee behavior［J］. Journal of Organizational Behavior，2015，36（6）：825-844.

［116］Hochschild A R. The Managed Heart：Commercialization of Human Feeling［M］. Berkeley：University of California Press，1983.

［117］Grandey A A，Gabriel A S. Emotional labor at a crossroads：Where do we go from here？［J］. Annual Review of Organizational Psychology & Organizational Behavior，2015，2（1）：323-349.

［118］Diefendorff J M，Croyle M H，Gosserand R H. The dimensionality and antecedents of emotional labor strategies［J］. Journal of Vocational Behavior，2005，

66（2）：339-357.

［119］Brotheridge C M，Lee R T. Development and validation of the emotional labour scale ［J］. Journal of Occupational & Organizational Psychology，2003，76（3）：365-379.

［120］倪渊，李翠. 包容型领导与情绪劳动策略选择：来自银行业一线服务人员的实证研究 ［J］. 南开管理评论，2021，24（2）：106-117.

［121］刘喆，杨勇，唐加福，等. 自主动机、服务型领导力对情绪劳动的多层次作用机制：一个有中介的调节作用模型 ［J］. 管理工程学报，2018，32（3）：52-62.

［122］Maneotis S M，Grandey A A，Krauss A D. Understanding the "why" as well as the "how"：Service performance is a function of prosocial motives and e-motional labor ［J］. Human Performance，2014，27（1）：1-8.

［123］Lin C. What makes service employees and customers smile ［J］. Journal of Service Management，2011，22（2）：183-201.

［124］Chung M，Jang Y H，Edelson S A. The path from role clarity to job satisfaction：Natural acting and the moderating impact of perceived fairness of com-pensation in services ［J］. Service Business，2021，15（5）：77-102.

［125］任庆颖，张文勤. 国外情绪劳动策略最新研究进展评述 ［J］. 华东经济管理，2014，28（3）：152-158.

［126］李伟，梅继霞，熊卫. 情绪智力，劳动策略与情感耗竭：有调节的中介模型 ［J］. 科研管理，2020，41（6）：230-238.

［127］房俨然，魏薇，罗萍，等. 员工负性情绪对情绪劳动策略的影响 ［J］. 心理学报，2019，51（3）：89-101.

［128］杨勇，冯博，王林，等. 自我决定动机与组织服务导向对优质服务绩效的作用机制研究 ［J］. 管理学报，2020，17（3）：42-52.

［129］程豹，周星，郭功星. 资质过剩感知对员工情绪劳动的影响：一

个有调节的中介模型 [J]. 南开管理评论, 2021, 24（1）：192-201.

[130] 李晓艳, 周二华. 心理资本与情绪劳动策略、工作倦怠的关系研究 [J]. 管理科学, 2013, 26（1）：38-47.

[131] 郑晓明, 余宇, 刘鑫. 高绩效工作系统对情绪劳动的影响：一个多层次模型 [J]. 科学学与科学技术管理, 2020, 41（11）：134-147.

[132] 关涛, 环亚琴, 晏佳敏. 情绪表达潜规则对组织内部员工情绪耗竭的影响：以情绪表达策略为中介 [J]. 商业经济与管理, 2020（1）：40-54.

[133] Grandey A A, Fisk G M, Steiner D D. Must "service with a smile" be stressful？The moderating role of personal control for American and French employees [J]. Journal of Applied Psychology, 2005, 90（5）：893-904.

[134] 刘喆, 杨勇, 马钦海, 等. 家庭工作界面对情绪劳动的作用机制——基于服务氛围的视角 [J]. 技术经济, 2015, 34（12）：39-49.

[135] Luo A, Guchait P, Madera, et al. Transformational leadership and service recovery performance：The mediating effect of emotional labor and the influence of culture [J]. International Journal of Hospitality Management, 2019, 77（1）：31-39.

[136] 刘朝, 张欢, 王赛君, 等. 领导风格、情绪劳动与组织公民行为的关系研究——基于服务型企业的调查数据 [J]. 中国软科学, 2014（3）：119-134.

[137] Carlson D, Ferguson M, Hunter E, et al. Abusive supervision and work-family conflict：The path through emotional labor and burnout [J]. Leadership Quarterly, 2012, 23（5）：849-859.

[138] Bellah R N, Madsen R, Sullivan W M, et al. Habits of the heart [J]. Social Psychology Quarterly, 1986, 64（3）：103-109.

[139] Wrzesniewski A, McCauley C, Rozin P, et al. Jobs, careers and callings：People's relations to their work [J]. Journal of Research in Personality,

1997, 31 (1): 21-33.

[140] Duffy R D, Dik B J. Research on Calling: What have we learned and where are we going? [J]. Journal of Vocational Behavior, 2013, 83 (3): 428-436.

[141] Dobrow S R, Tosti-Kharas. Calling: The development of a scale measure [J]. Personnel Psychology, 2011, 64 (4): 1001-1049.

[142] Elangovan A R, Pinder C C, Mclean M. Callings and organizational behavior [J]. Journal of Vocational Behavior, 2010 (76): 428-440.

[143] Dik B J, Eldridge B M, Steger M F, et al. Development and validation of the Calling and Vocation Questionnaire (CVQ) and Brief Calling Scale (BCS) [J]. Journal of Career Assessment, 2012, 20 (3): 242-263.

[144] Tamara H, Abele A E. The multidimensionality of calling: Conceptualization, measurement and a bicultural perspective [J]. Journal of Vocational Behavior, 2012, 81 (1): 39-51.

[145] Hall D T, Chandler D E. Psychological success: When the career is a calling [J]. Journal of Organizational Behavior, 2005, 26 (2): 155-176.

[146] Praskova A, Hood M, Creed P A. Testing a calling model of psychological career success in Australian young adults: A longitudinal study [J]. Journal of Vocational Behavior, 2014, 85 (1): 125-135.

[147] Graen G B, Dansereau F, Minami T. Dysfunctional leadership styles [J]. Organizational Behavior and Human Performance, 1972, 7 (2): 216-236.

[148] Graen G B, Uhl-Bien M. Relationship-based approach to leadership: Development of Leader-Member Exchange (LMX) theory of leadership over 25 years: Applying a multi-level multi-domain perspective [J]. Leadership Quarterly, 1995, 6 (2): 219-247.

[149] Liden R C, Wayne S J, Sparrowe R T. Leader-Member Exchange, differentiation, and task interdependence: Implications for individual and group per-

formance［J］. Journal of Organizational Behavior, 2010, 27（6）: 723-746.

［150］王震, 孙健敏. 领导—成员交换关系质量和差异化对团队的影响［J］. 管理学报, 2013, 10（2）: 219-224.

［151］涂乙冬, 陆欣欣, 郭玮, 等. 道德型领导者得到了什么? 道德型领导、团队平均领导—部属交换及领导者收益［J］. 心理学报, 2014, 46（9）: 1378-1391.

［152］Graen G B, Cashman C J. A role-making model of leadership in formal organizations: A developmental approach［M］. In: H J G, L LL. Ed. Leadership frontiers. Kent: Kent State University Press, 1975.

［153］Graen G B, Liden R C, Hoel W. Role of leadership in the employee withdrawal process［J］. Journal of Applied Psychology, 1982, 67（6）: 868-872.

［154］Scanduram T A, Graen G B. Moderating effects of initial Leader-Member Exchange status on the effects of a leadership intervention［J］. Journal of Applied Psychology, 1984, 69（3）: 428-436.

［155］Dienesch R M, Liden R C. Leader-Member Exchange Model of leadership: A critique and further development［J］. Academy of Management Review, 1986, 11（3）: 618-634.

［156］Keller T, Dansereau F. The effect of adding items to scales: An illustrative case of LMX［J］. Organizational Research Methods, 2001, 4（2）: 131-143.

［157］Henderson D J, Wayne S J, Shore L M, et al. Leader-Member Exchange, differentiation, and psychological contract fulfillment: A multilevel examination［J］. Journal of Applied Psychology, 2008, 93（6）: 1208-1219.

［158］Boies K, Howell J M. Leader-Member Exchange in teams: An examination of the interaction between relationship differentiation and mean LMX in explaining team-level outcomes［J］. Leadership Quarterly, 2006, 17（3）: 246-257.

［159］李翠，程志超．领导—成员交换关系对团队创新的影响［J］．系统工程，2013，31（7）：71-77．

［160］邱纯，罗正学，关可心，等．领导—成员交换鱼团队满意度关系的中介作用［J］．中国健康心理学杂志，2013，21（4）：580-583．

［161］Ford L R, Seers A. Relational leadership and team climates: Pitting differentiation versus agreement［J］. Leadership Quarterly, 2006, 17（3）: 258-270.

［162］Zhao D, Wu J, Gu J. Higher-quality Leader-Member Exchange （LMX）, higher-level voice? The impact of LMX differentiation and LMX mean on promotive and prohibitive team voice［J］. Current Psychological Research, 2020, 4: 1-19.

［163］刘蕴，李燕萍，涂乙冬．员工为什么乐于助人？多层次的领导—部属交换对帮助行为的影响［J］．心理学报，2016，48（4）：385-397．

［164］于慧萍，杨付，张丽华．团队层面领导—成员交换如何影响员工创造力——一个跨层模型［J］．经济问题，2016（11）：65-70．

［165］He C, Teng R, Zhou L, et al. Abusive Supervision, Leader-Member Exchange, and creativity: A multilevel examination［J］. Front Psychology, 2021（5）: 1-17.

［166］Tu Y, Lu X. Work-to-life spillover effect of Leader-Member Exchange in groups: The moderating role of group power distance and employee political skill［J］. Journal of Happiness Studies, 2016（17）: 1873-1889.

［167］Kinicki A J, Vecchio R P. Influence on the quality of supervisor-subordinate relations: The role of time-pressure, organizational commitment, and locus of control［J］. Joural of Organizational Behavior, 1994, 15（1）: 75-82.

［168］Schyns B, Maslyn J M, Veldhoven M. Can some leaders have a good relationship with many followers? The role of personality in the relationship between Leader-Member Exchange and span of control［J］. The Leadership and Organization

Development Journal，2012，33（6）：594-606.

［169］Henderson D J，Liden R C，Glibkowski B C，et al. LMX differentiation：A multilevel review and examination of its antecedents and outcomes ［J］. Leadership Quarterly，2009，20（4）：517-534.

［170］Seers A. Team-Member Exchange quality：A new construct for role-making research ［J］. Organizational Behavior and Human Decision Processes，1989，43（1）：118-135.

［171］Seers A，Petty M M，Cashman J F. Team-Member Exchange under team and traditional management a naturally occurring quasi-experiment ［J］. Group & Organization Management，1995，20（1）：18-38.

［172］Jordan M H，Field H S，Armenakis A A. The relationship of group process variables and team performance：A team-level analysis in a field setting ［J］. Small Group Research，2002，33（1）：121-150.

［173］孙锐，石金涛，张体勤. 中国企业领导成员交换、团队成员交换，组织创新气氛与员工创新行为关系实证研究 ［J］. 管理工程学报，2009，23（4）：109-115.

［174］Liu Y，Keller R T，Shin H. The impact of Team-Member Exchange，differentiation，team commitment，and knowledge sharing on R&D project team performance ［J］. R&D Management，2011，41（3）：274-287.

［175］刘洁琼. 团队内交换关系对员工及团队创造力的影响效应和作用机制研究 ［D］. 广州：华南理工大学，2019.

［176］Lau R S，Cheung G W，Cooper-Thomas H D. The influence of dispositions and shared leadership on Team-Member Exchange ［J］. Journal of Managerial Psychology，2021，36（3）：258-271.

［177］Hung T K，Wang C H，Tian M，et al. A cross-level investigation of Team-Member Exchange on team and individual job crafting with the moderating effect of regulatory focus [J]. International Journal of Environmental Research and Public Health, 2020, 17 (6): 1-20.

[178] Xu A J, Wang L. How and when servant leaders enable collective thriving: The role of Team-Member Exchange and political climate [J]. British Journal of Management, 2020, 31 (2): 274-288.

[179] Dose J J. The relationship between work values similarity and team-member and Leader-Member Exchange relationships [J]. Group Dynamics: Theory, Research, and Practice, 1999, 3 (1): 20-32.

[180] Wageman R. Interdependence and group effectiveness [J]. Administrative Science Quarterly, 1995, 40 (1): 145-180.

[181] Van der Vegt G S, Emans B J M, Van de Vilert E. Patterns of interdependence in work teams: A two-level investigation of the relations with job and team satisfaction [J]. Personnerl Psychology, 2001, 54 (1): 51-69.

[182] Ven A H, Delbecq A L, Koenig R. Determinants of coordination modes within organizations [J]. American Sociological Review, 1976, 41 (2): 322-338.

[183] Vidyarthi P R, Anand S, Liden R C. Do emotionally perceptive leaders motivate higher employee performance? The moderating role of task interdependence and power distance [J]. Leadership Quarterly, 2014, 25 (2): 232-244.

[184] Pearce J L, Gregersen H B. Task interdependence and extra-role behavior: A test of the mediating effects of felt responsibility [J]. Journal of Applied Psychology, 1991 (76): 838-844.

[185] Campion M A, Medsker G J, Higgs A C. Relations between work group characteristics and effectiveness: Implications for designing effective work groups [J]. Personnel Psychology, 1993, 46 (4): 823-847.

[186] Bishop J W, Dow Scott K. An examination of organizational and team commitment in a self-directed team environment [J]. Journal of Applied Psychol-

ogy，2000，85（3）：439-450.

［187］罗瑾琏，胡文安，钟竞. 悖论式领导、团队活力对团队创新的影响机制研究［J］. 管理评论，2017，29（7）：122-134.

［188］Kim S S，Vandenberghe C. The moderating roles of perceived task interdependence and team size in transformational leadership's relation to team identification：A dimensional analysis ［J］. Journal of Business and Psychology，2018，33（4）：509-527.

［189］常涛，吴佳敏，刘智强. 地位稳定性与团队创造力：任务相关特征的影响［J］. 科学学与科学技术管理，2019，40（9）：119-134.

［190］常涛，裴飞霞. 团队地位差异性与团队创造力的倒 U 型关系：任务特征的调节作用［J］. 科技进步与对策，2021（3）：1-9.

［191］白静，潘小莉. 同事排斥对员工创造力的影响研究——一个被调节的中介模型［J］. 华东经济管理，2021，35（1）：109-118.

［192］刘小禹. 领导情绪智力和团队情绪氛围对成员满意度的影响：一项跨层次研究［J］. 经济科学，2013（3）：98-107.

［193］Charmaz K. 建构扎根理论：质性研究实践指南［M］. 边国英，译. 重庆：重庆大学出版社，2009.

［194］Glaser B G，Strauss A L. The discovery of grounded theory：Strategies for qualitative research ［M］. New York：Aldine，1967.

［195］Humphrey R H，Ashforth B E，Diefendorff J M. The bright side of emotional labor ［J］. Journal of Organizational Behavior，2015，36（6）：749-769.

［196］Hu X，Shi J. Employees' surface acting in interactions with leaders and peers ［J］. Journal of Organizational Behavior，2015，36（8）：1132-1152.

［197］Grandey A，Kern J H，Frone M R. Verbal abuse from outsiders versus insiders：Comparing frequency，impact on emotional exhaustion，and the role of emotional labor ［J］. Journal of Occupational Health Psychology，2007，12（1）：

63-79.

[198] Gardner W L, Fischer D, Hunt J G. Emotional labor and leadership: A threat to authenticity? [J]. The Leadership Quarterly, 2009, 20 (3): 466-482.

[199] 廖化化, 颜爱民. 情绪劳动的效应、影响因素及作用机制 [J]. 心理科学进展, 2014, 22 (9): 1504-1512.

[200] Mann S. Emotion at work: To what extent are we expressing, suppressing, or faking it? [J]. European Journal of Work and Organizational Psychology, 1999, 8 (3): 347-369.

[201] Glasø L, Einarsen S. Emotion regulation in leader-follower relationships [J]. European Journal of Work and Organizational Psychology, 2008, 17 (4): 482-500.

[202] Elfenbein H A, Polzer J T, Ambady N. Team emotion recognition accuracy and team performance [J]. Research on Emotion in Organizations: Functionality, Intentionality and Morality, 2007 (3): 87-119.

[203] Grandey A A. Emotion regulation in the workplace: A new way to conceptualize emotional labor [J]. Journal of Occupational Health Psychology, 2000, 5 (1): 95-110.

[204] Ashkanasy N M, Humphrey RH. A multi-level view of leadership and emotions: Leading with emotional labor [M]. Sage handbook of leadership, London, UK: Sage Publications, 2011.

[205] Toegel G, Kilduff M, Anand N. Emotion helping by managers: An emergent understanding of discrepant role expectations and outcomes [J]. Academy of Management Journal, 2013, 56 (2): 334-357.

[206] Dasborough M T. Cognitive asymmetry in employee emotional reactions to leadership behaviors [J]. The Leadership Quarterly, 2006, 17 (2): 163-178.

[207] Humphrey R H. The right way to lead with emotional labor [M]. In

R. H. Humphrey（Ed.），Affect and Emotion：New Directions in Management Theory and Research. Charlotte，NC：Information Age Publishing，2008.

［208］Pescosolido A T. Emergent leaders as managers of group emotion ［J］. The Leadership Quarterly，2002，13（5）：583-599.

［209］Biddle B J. Recent development in role theory ［J］. Annual Review of Sociology，1986，12（1）：67-92.

［210］Little L M，Gooty J，Williams M. The role of leader emotion management in Leader-Member Exchange and follower outcomes ［J］. The Leadership Quarterly，2016，27（1）：85-97.

［211］程红玲，陈维政. 情绪调节对工作倦怠的影响作用分析 ［J］. 心理科学进展，2010，18（6）：971-979.

［212］向楠. 83.7%受访者坦言如今上下级关系最难处 ［N］. 中国青年报，2012.

［213］李姜锦，刘春林. 员工情绪劳动对创造力的"双刃剑"效应——领导信任的中介作用 ［J］. 南京社会科学，2020，39（4）：38-45.

［214］Boudens C J. The story of work：A narrative analysis of workplace emotion ［J］. Organization Studies，2005，26（9）：1285-1306.

［215］Grandey A A，Tam A P，Brauberger A L. Affective states and traits in the workplace：Diary and survey data from young workers ［J］. Motivation and Emotion，2002，26（1）：31-55.

［216］Kaplan S，Cortina J，Ruark G，et al. The role of organizational leaders in employee emotion management：A theoretical model ［J］. The Leadership Quarterly，2014，25（3）：563-580.

［217］Dasborough M T. Cognitive asymmetry in employee emotional reactions to leadership behaviors ［J］. The Leadership Quarterly，2006，17（2）：163-178.

［218］Ashforth B E，Humphrey R H. Emotional labor in service roles：The influence of identity [J]. Academy of Management Review, 1993, 18（1）：88-115.

［219］Gross J J. The emerging field of emotion regulation：An integrative review [J]. Review of General Psychology, 1998, 2（3）：271-299.

［220］Muraven M, Baumeister R F. Self-regulation and depletion of limited resources：Does self-control resemble a muscle? [J]. Psychological Bulletin, 2000, 126（2）：247-259.

［221］Brotheridge C M, Grandey A. Emotional labor and burnout：Comparing two perspectives of "people work" [J]. Journal of Vocational Behavior, 2002, 60（1）：17-39.

［222］孟昭兰. 情绪心理学 [M]. 北京：北京大学出版社, 2005.

［223］Grandey A A, Fisk G M, Mattila A S, et al. Is service with a smile enough? Authenticity of positive displays during service encounters [J]. Organizational Behavior and Human Decision Processes, 2005, 96（1）：38-55.

［224］马淑蕾, 黄敏儿. 情绪劳动：浅层动作与深层动作, 哪一种效果更好? [J]. 心理学报, 2006, 38（2）：262-270.

［225］莫申江, 施俊琦. 情绪劳动策略对主动破坏行为的影响 [J]. 心理学报, 2017, 49（3）：349-358.

［226］Groth M, Hennig-Thurau T, Walsh G. Customer reactions to emotional labor：The roles of employee acting strategies and customer direction accuracy [J]. Academy of Management Journal, 2009, 52（5）：958-974.

［227］Brotheridge C M, Lee R T. Testing a conservation of resources model of the dynamics of emotional labor [J]. Journal of Occupational Health Psychology, 2002, 7（1）：57-67.

［228］Bozionelos N, Kiamou K. Emotion work in the Hellenic frontline services environment：How it relates to emotional exhaustion and work attitudes [J]. International Journal of Human Resource Management, 2008, 19 (6): 1108-1130.

[229] 黄敏儿, 吴钟琦, 唐淦琦. 服务行业员工的人格特质、情绪劳动策略与心理健康的关系 [J]. 心理学报, 2010, 42 (12): 1175-1189.

[230] 许为民, 宋体忠. 情绪劳动对员工工作绩效的影响 [J]. 商业研究, 2013, 55 (1): 97-101.

[231] Zapf D. Emotion work and psychological well-being: A review of the literature and some conceptual considerations [J]. Human Resource Management Review, 2002, 12 (2): 237-268.

[232] Steers R M, Mowday R T, Shapiro D L. Introduction to special topic forum: The future of work motivation theory [J]. Academy of Management Review, 2004, 29 (3): 379-387.

[233] Bunderson J S, Thompson J A. The call of the wild: Zookeepers, callings, and the double-edged word of deeply meaningful work [J]. Administrative Science Quarterly, 2009, 54 (1): 32-57.

[234] Denise M R, Fried Y. Location, location, location: Contextualizing organizational research [J]. Journal of Organizational Behavior, 2001, 22 (1): 1-13.

[235] 周浩, 龙立荣. 共同方法偏差的统计检验与控制方法 [J]. 心理科学进展, 2004, 12 (6): 942-950.

[236] 刘东, 张震, 汪默. 单层与多层被调节的中介和被中介的调节: 理论构建与模型检验 [M]//陈晓萍, 沈伟. 组织与管理研究的实证方法（第三版）, 北京: 北京大学出版社, 2018.

[237] Hobfoll S E. Social and psychological resources and adaptations [J]. Review of General Psychology, 2002, 6 (4): 302-324.

[238] 吕鸿江, 韩承轩, 王道金. 领导者情绪智力对领导力效能影响的元分析 [J]. 心理科学进展, 2018 (2): 204-220.

［239］程红玲. 组织内部的情绪劳动：物质回报和人际关系的影响 ［J］. 四川大学学报（哲学社会科学版），2019（5）：171-182.

［240］Bakker A B，Demerouti E，Sanz－Vergel A I. Burnout and work engagement：The JD－R approach ［J］. Annual Review of Organizational Psychology and Organizational Behavior，2014，1（1）：389-411.

［241］Bakker A B，Demerouti E. The job demands－resources model：State of the art ［J］. Journal of Managerial Psychology，2007，22（3）：309-328.

［242］Anand S，Vidyarthi P，Liden R，Rousseau. Good citizens in poor－quality relationships：Idiosyncratic deals as a substitute for relationship quality ［J］. Academy of Management Journal，2010，53（5）：970-988.

［243］Banks G C，Batchelor J H，Seers A，et al. What does Team－Member Exchange bring to the party？A meta－analytic review of team and leader social exchange ［J］. Journal of Organizational Behavior，2014，35（2）：273-295.

［244］Saks A，Gruman J. Making organizations more effective through organizational socialization ［J］. Journal of Organizational Effectiveness People and Performance，2014，1（3）：261-280.

［245］Dansereau F，Graen G，Haga W J. A vertical dyad linkage approach to leadership within formal organizations：A longitudinal investigation of the role making process ［J］. Organizational Behavior & Human Performance，1975，13（1）：46-78.

［246］Morganson V J，Major D A，Litano M L. A multilevel examination of the relationship between Leader－Member Exchange and work－family outcomes ［J］. Journal of Business and Psychology，2017，32（4）：379-393.

［247］Methot J R，Melwani S，Rothman N B. The space between us：A social－functional emotions view of ambivalent and indifferent workplace relationships ［J］. Journal of Management，2017，43（6）：1789-1819.

［248］Liden R C, Maslyn J M. Multidimensionality of Leader Member Exchange: An empirical assessment through scale development ［J］. Journal of Management, 1998, 24（1）: 43-72.

［249］Liden R C, Sparrowe R T, Wayne S J. Leader-Member Exchange theory: The past and potential for the future ［J］. Research in Personnel and Human Resources Management, 1997, 15: 47-119.

［250］黄亮, 彭璧玉. 工作幸福感对员工创新绩效的影响机制——一个多层次被调节的中介模型 ［J］. 南开管理评论, 2015, 18（2）: 15-29.

［251］Ellis A, Bauer T N, Mansfield L, Erdogan B, et al. Navigating uncharted waters: Newcomer socialization through the lens of stress theory ［J］. Journal of Management, 2015, 41（1）: 203-235.

［252］Fang R, Mcallister D J, Duffy M K. Down but not out: Newcomers can compensate for low vertical access with strong horizontal ties and favorable core self-evaluations ［J］. Personnel Psychology, 2017, 70: 517-555.

［253］邹文篪, 刘佳. 团队中的"我为人人, 人人为我"——团队—成员交换研究述评 ［J］. 心理科学进展, 2011, 19（8）: 1193-1204.

［254］李山根, 凌文轮. 团队—成员交换研究现状探析与未来展望 ［J］. 外国经济与管理, 2011, 33（7）: 58-64.

［255］Liden R C, Wayne S J, Sparrowe R T. An examination of the mediating role of psychological empowerment on the relations between the job, interpersonal relationships, and work outcomes ［J］. Journal of Applied Psychology, 2000, 85（3）: 407-416.

［256］Wilderom C P M, Hur Y H, Wiersma U J, et al. From manager's emotional intelligence to objective store performance: Through store cohesiveness and sales-directed employee behavior ［J］. Journal of Organizational Behavior, 2015, 36（6）: 825-844.

［257］ Saks A M, Gruman J. Making organizations more effective through organizational socialization ［J］. Journal of Organizational Effectiveness People and Performance, 2014, 1 (3): 261-280.

［258］ Farh C I C, Lanaj K, Ilies R. Resource-based contingencies of when Team-Member Exchange helps member performance in teams ［J］. Academy of Management Journal, 2017, 60 (3): 1117-1137.

［259］ Farmer S M, Van D L, Kamdar D. The contextualized self: How Team - Member Exchange leads to coworker identification and helping OCB ［J］. Journal of Applied Psychology, 2015, 100 (2): 583-595.

［260］ 许科, 韩雨卿, 于晓宇, 等. 快速信任与临时团队绩效: 共享心智模型与团队互依性的角色 ［J］. 管理评论, 2016, 28 (9): 238-249.

［261］ 张正堂, 刘颖, 王亚蓓. 团队薪酬、任务互依性对团队绩效的影响研究 ［J］. 南开管理评论, 2014, 17 (3): 112-121.

［262］ Breevaart K, Bakker A B, Demerouti E, et al. Who takes the lead? A multi-source diary study on leadership, work engagement, and job performance ［J］. Journal of Organizational Behavior, 2016, 37 (3): 309-325.

［263］ Schaufeli W B, Taris T W. A critical review of the job demands-resources model: Implications for improving work and health ［M］//Bridging Occupational, Organizational and Public Health. Springer Netherlands, 2014.

［264］ Hakanen J J, Schaufeli W B, Ahola K. The job demandsresources model: A three-year cross-lagged study of burnout, depression, commitment, and work engagement ［J］. Work and Stress, 2008, 22 (3): 224-241.

［265］ Ilies R, Ju H, Liu Y, et al. Emotional resources link work demands and experiences to family functioning and employee well-being: The emotional resource possession scale (ERPS) ［J］. European Journal of Work and Organizational Psychology, 2020, 29 (3): 434-449.

附　录

1. 访谈提纲

尊敬的女士/先生：

您好！

感谢您百忙之中抽出宝贵的时间给我们这次访谈的机会，访谈时间是 40 分钟左右。您可以畅所欲言，对于您提供的所有信息资料都对我们的研究具有重要意义，访谈资料仅作学术研究之用，您的回答内容将完全保密。

访谈的主要问题：

（1）请您回答您的姓名、年龄、学历和与当前领导的共事年限。

（2）您认为您的直接领导的情绪智力怎么样？能详细谈谈吗？

（3）您觉得领导的情绪智力对您的工作有影响吗？具体有哪些影响？

（4）您在工作中的工作投入水平如何？

本次访谈结束，再次感谢您对本书的支持和帮助！

2. 时点 1 调查问卷

尊敬的女士/先生：

您好！

本调查问卷是为了完成一项关于领导情绪智力与员工工作投入关系的学术研究。您的回答对我们的研究具有重要意义，请依据您的实际情况和真实感受进行填答。本调查问卷仅作学术研究之用，采用匿名方式填写，无任何商业或其他用途，并承诺对您所答的内容绝对保密，请放心作答！本次调查共有三轮，需要使用您的姓氏加手机号码后四位将前后三轮问卷进行匹配。

感谢您的支持与合作！

东北大学工商管理学院项目研究小组

2019 年 9 月 9 日

一、基本情况

请您填答以下信息（请在方框内打"√"或在横线上填写）。

1. 您的性别：

□男 □女

2. 您的年龄：

□20 岁及以下 □21～30 岁 □31～40 岁

□41～50 岁 □51 岁及以上

3. 您的学历：

□高中、中专及以下 □大专

□本科 □硕士及以上

4. 您在当前部门的工作年限：

□不满 1 年　　　　　　　□1~3 年

□3~5 年　　　　　　　　□5 年以上

5. 您的姓氏加手机号码后四位：_____

二、主体问卷

下面是对您团队领导的描述，请您根据实际情况进行选择，并在相应位置打"√"。1——完全不符合，2——基本不符合，3——不确定，4——较为符合，5——完全符合。

序号	题项	1	2	3	4	5
1	多数时候都清晰地知道自己为什么会有某种情绪					
2	很了解自己的情绪					
3	真的明白自己的感受					
4	总是知道自己是否快乐					
5	总是能从他人的言谈举止中了解他们的情绪					
6	善于观察他人的情绪					
7	能敏锐地洞察到他人的感受和情绪					
8	很了解他身边人的情绪					
9	总是为自己设定目标并全力以赴达到目标					
10	总是告诉自己我是一个有能力的人					
11	善于自我激励					
12	总是鼓励自己做事时竭尽全力					
13	面对困难时，能控制自己的情绪并理性地处理					
14	完全有能力控制自己的情绪					
15	生气时总是能很快平静下来					
16	对自己的情绪有很好的控制					

本轮问卷调查到此结束，恳请您检查一遍有无漏答，再次感谢您的热心支持与帮助！

3. 时点 2 调查问卷

尊敬的女士/先生：

您好！

本调查问卷是为了完成一项关于领导情绪智力与员工工作投入关系的学术研究。您的回答对我们的研究具有重要意义，请依据您的实际情况和真实感受进行填答。本调查问卷仅作学术研究之用，采用匿名方式填写，无任何商业或其他用途，并承诺对您所答的内容绝对保密，请放心作答！本次调查共有三轮，需要使用您的姓氏加手机号码后四位将前后三轮问卷进行匹配。

感谢您的支持与合作！

东北大学工商管理学院项目研究小组

2019 年 10 月 14 日

调查 1：下面是对您工作时的情绪状况的描述，请您根据实际情况在相应位置打"√"。1——完全不符合，2——基本不符合，3——不确定，4——较符合，5——完全符合。

序号	题项	1	2	3	4	5
1	工作时为了表现出适当的情绪，我会隐藏内心的真实感受					
2	工作时我会假装拥有好情绪					
3	工作时，我好像在演戏作秀					
4	我只是假装表达工作所需要的情绪而已					
5	我会表达工作所需要的情绪，但不会改变内心的真实感受					
6	我会尝试去感受公司要求表达的情绪，而不仅仅是改变表情					
7	我努力真实地体验公司要求表达的情绪，让内心高兴起来					

序号	题项	1	2	3	4	5
8	我会调节不好的情绪,使自己发自内心的高兴起来					
9	工作时我表达的情绪是真实的					
10	工作时我表达的情绪是自然流露的					
11	工作时我表达的情绪与内心感受是一致的					

调查2:下面是对您与上级领导之间关系的描述,请您根据实际情况进行选择,并在相应位置打"√"。1——完全不符合,2——基本不符合,3——不确定,4——较符合,5——完全符合。

序号	题项	1	2	3	4	5
1	我通常清楚领导对我工作表现的满意程度					
2	领导了解我工作中的问题和需要					
3	领导了解我的潜力					
4	领导会运用其职权来帮我解决工作中遇到的问题					
5	领导会不惜牺牲自身利益运用其职权维护我,帮我渡过难关					
6	我十分信任我的领导,即使领导不在场,我也会为其所做的决策辩护和解释					
7	我认为我和领导之间的关系很好					

调查3:下面是对您与团队成员之间关系的描述,请您根据实际情况进行选择,并在相应位置打"√"。1——完全不符合,2——基本不符合,3——不确定,4——较符合,5——完全符合。

序号	题项	1	2	3	4	5
1	我经常就工作方法优化问题向其他团队成员提供建议					
2	为了使其他团队成员的工作更容易,我可以灵活调整我的工作职责					
3	当其他团队成员忙碌时,我经常自愿帮助他们					

续表

序号	题项	1	2	3	4	5
4	我乐意帮助其他团队成员完成分配给他们的工作					
5	当其他团队成员的工作使我的工作变得更容易（或更困难）时，我总会让他们知道					
6	其他团队成员了解我的潜力					
7	其他团队成员了解我的问题和需要					
8	其他团队成员乐意帮助我完成分配给我的工作					
9	其他团队成员在忙碌时经常请我帮助他们					
10	当我的工作使其他团队成员的工作变得更容易（或更困难）时，他们总会让我知道					

本轮问卷调查到此结束，恳请您检查一遍有无漏答题目，再次感谢您的热心支持与帮助！

4. 时点 3 调查问卷

尊敬的女士/先生：

您好！

本调查问卷是为了完成一项关于领导情绪智力与员工工作投入关系的学术研究。您的回答对我们的研究具有重要意义，请依据您的实际情况和真实感受进行填答。本调查问卷仅作学术研究之用，采用匿名方式填写，无任何商业或其他用途，并承诺对您所答的内容绝对保密，请放心作答！本次调查共有三轮，需要使用您的姓氏加手机号码后四位将前后三轮问卷进行匹配。

感谢您的支持与合作！

东北大学工商管理学院项目研究小组

2019 年 11 月 18 日

调查1：下面是对您工作状态的描述，请您根据实际情况进行选择，并在相应位置打"√"。1——完全不符合，2——基本不符合，3——不确定，4——较为符合，5——完全符合。

序号	题项	1	2	3	4	5
1	工作时我感到精力充沛					
2	工作时我感到自己强大且充满活力					
3	我对工作充满热情					
4	我所做的工作能够激励我					
5	全神贯注工作时我很快乐					

调查2：下面是对您的职业使命感的描述，请您根据实际情况进行选择，并在相应位置打"√"。1——完全不符合，2——基本不符合，3——不确定，4——较为符合，5——完全符合。

序号	题项	1	2	3	4	5
1	我对我从事的工作具有职业使命感					
2	我对我所从事职业的使命有很好的理解					

调查3：下面是对您在工作中与团队成员合作状况的一些描述，请您根据实际情况进行选择，并在相应位置打"√"。1——完全不符合，2——基本不符合，3——不确定，4——较为符合，5——完全符合。

序号	题项	1	2	3	4	5
1	我必须经常与团队成员合作					
2	团队成员执行的工作彼此相关					
3	为了团队的良好表现，成员之间必须进行良好的沟通					
4	为了达到高绩效，团队成员必须相互依赖					

调查 4：下面是对您在工作中与领导合作状况的一些描述，请您根据实际情况进行选择，并在相应位置打"√"。1——完全不符合，2——基本不符合，3——不确定，4——较为符合，5——完全符合。

序号	题项	1	2	3	4	5
1	我必须经常与领导合作					
2	我和领导执行的工作彼此相关					
3	为了团队的良好表现，我和领导必须进行良好的沟通					
4	为了达到高绩效，我和领导必须相互依赖					

本轮问卷调查到此结束，恳请您检查一遍有无漏答题目，再次感谢您的支持与帮助！